和食の文化を知り、
家で味わうレシピ

和食を
なぐ

一般財団法人
ベターホーム協会

和食をつなぐ

家にいながらにして、世界中の食べものが手に入る現代。その中で今、「和食」が注目されています。では、友人や子どもに、もし和食のことをたずねられたら、あなたはなんと答えますか？　この本では、家で味わえる上質な和食のレシピをご紹介しながら、「和食ってなに？」をさぐってみたいと思います。

「和食とは？」の問いに、刺身や天ぷらは和食、とんカツ、ラーメンは…と個々の料理を思い浮かべがちですが、答えはもっと奥に。和食は、日本の自然や風土、人々の暮らし、外国からの影響などが積み重なって進展してきました。まずはそれら和食の文化を学び、本質を知ることが、和食を次へとつなげる礎《いしずえ》となるでしょう。

2013年、「和食：日本人の伝統的な食文化」は、ユネスコの無形文化遺産として登録されました。その和食の特徴は次のとおり。

〈和食文化の特徴〉

①和食は、多様で新鮮な食材と素材の味わいを尊重します。
②和食は、栄養のバランスがよく、健康的な食生活を支えます。
③和食は、自然の美しさや季節の移ろいを表現します。
④和食は、年中行事と密接に関わっています。

少し抽象的でピンとこないかもしれませんが、実は、この本にあるひとつひとつの食材や料理にも、和食文化のさまざまな特徴が見え隠れしています。

和食ってなに？

一、自然とともに

自然の恵み

日本は温暖で高温多湿、山が多く、周りを海に囲まれています。海と山の多様な食材が四季折々に得られます。海の魚に加え、海辺の貝やえび、海藻、そして川魚なども古くからの食料。野菜は自生のものに加えて、ごぼう、ねぎ、だいこん、じゃがいもなどが時代ごとに外から伝来し、日本の自然に根づいていきました。

　雨が多い日本ですが、その水が地中で滞留する時間は短く、岩や土のミネラル分が溶け出しにくいため、日本の水は軟水です。これは和食にとって重要な意味があります。硬度が低いやわらかな水だからこそ、繊細な「出汁《だし》」の味がでます。とうふや日本酒、しょうゆなども生まれました。また、水でしめたり、水にさらしたりといった調理ができるから、素材の味を引き出せます。

　豊かな自然環境は私たちの誇り。大切にしていきましょう。

米の文化

日本は米の文化です。原始、私たちの祖先は狩猟や採集で食べものを得ていました。縄文時代晩期ごろに、大陸から伝わった稲作が始まります。米は作りやすく保存がきくので人々の暮らしは安定し、日本人の食事の中心は「米」となります。庶民は雑穀などを混ぜ、白米は長らく高嶺《たかね》の花だったのですが、今日「ごはん」は食事のことを指すくらいに大切な存在に。神に供える神饌《しんせん》も、米や、米から作る餅や酒です。また江戸時代は、米が、租税や武士の俸禄《ほうろく》の単位とされたように、経済生活の基盤でもありました。

和食の味

和食の味覚の特徴はなんといっても「うま味」。海外でも〝UMAMI〟が通じるほどです。明治期の末に、池田菊苗《いけだきくなえ》博士がうま味の元（グルタミン酸ナトリウム）を発見。その後研究が進み、甘味・塩味・酸味・苦味に加わる第5の味覚として「うま味」が知られるようになります。けれど昔の人は、室町時代あたりから昆布や干ししいたけでとっただしを使い始め、江戸時代には、かつおぶしからだしをとっており、経験的にそのおいしさを知っていました。

　みそやしょうゆなどの和の調味料には、発酵食品ならではのおいしさがあります。鎌倉時代以降の中世に、寺院ではみそ作りが盛んになります。庶民にも伝わって「ごはんとみそ汁」という和食の基本もできました。しょうゆは紀州などで産業化が進み、上方から江戸へと広がっていきます。みそもしょうゆも中国の醤《しょう》をルーツとしますが、日本の風土に生きる麹《こうじ》菌を使って発酵させる、独特な調味料となりました。

　だしの食材である乾物も、和の調味料も、手間と時間をかけて作られてきたもの。先人たちが、生きるために工夫してきたそれらが、やがて独自のうま味や味わいとなって、和食の味は成立しています。

二、歴史の味

日本の長い歴史の中から、和食の生い立ちを見てみましょう。

主食と副食

「主食」の米と、米を食べるための「副食」という、日本の食事の形は弥生時代に現れます。律令《りつりょう》国家となって物流が広がると、海産物などの副食品が豊富に。平安時代の貴族の宴会「大饗《だいきょう》料理」の食卓には、切ってある生ものや干もの・塩辛類の皿が多数並びます。各自の手元には、山盛りの蒸したごはん（強飯《こわいい》）と調味料の小皿（塩、酢、酒、醤《ひしお》）。生ものなどを手元にとって、自分で調味してごはんと食べるという、今の刺身のような食べ方です。

一方、庶民の食事はどうでしょう。『病草紙《やまいのそうし》』という12世紀の絵巻物には、歯痛の男の前に、膳にのった、ごはんと汁、数種の菜《さい》が描かれています。すでに、「ごはん・汁・菜（おかず）・香のもの（漬けもの）」という和食の食事形式が見られます。

精進料理

古代以来、仏教寺院では肉食禁忌の思想から精進料理が作られました。野菜料理が工夫される中、さまざまな和食の要素が誕生しました。鎌倉時代には、石臼の普及で小麦や大豆をひいて、麺やとうふなどの加工品が作られます。のちには煮ものや揚げものなど、和の調理法が多数登場。精進だしが使われ、調理でしっかり味がつけられるようになります。

こうして中国の精進料理が、日本で独自に変化し、庶民の生活にも及んでいきます。奈良時代に始まる「肉食の禁」はしだいに庶民に浸透し、中世には、魚介と野菜を中心とする和食の特徴がきわだっていきます。

武士の精神

鎌倉時代以降、かつては貴族の護衛だった武士が政治の実権をにぎります。やがて生まれたのが「本膳《ほんぜん》料理」。大饗料理の儀礼要素と、精進料理の調理技術が融合します。盃事《さかずきごと》を終えると、各自に一汁三菜のお膳（本膳）が出され、さらに隣に二の膳が。ここまで皿数は計二汁五菜。客によっては七膳まで増えるという豪華さです。ここに、今日の華麗な日本料理と、和食の礼儀作法の原型があります。

本膳料理が形式ばり行き詰まってきたころ、茶の湯の食事「懐石料理」が現れます。懐石料理は、禅僧が、「懐に温石《おんじゃく》を抱いて飢えを凌《しの》ぐ」がごとくの粗末な食事といわれます。作りおく料理で壮重さを競う本膳料理に対し、懐石料理は食べきれる量を、温かいものは温かいうちにと順番に出します。料理や器に季節感を表し、部屋には場にふさわしいしつらえをして客をもてなす。侘び茶の世界の高尚な食事に思えますが、実は家庭の食事に近いかもしれません。

またこのころ、南蛮文化が流入し始めます。砂糖などの食品や南蛮料理がもたらされ、それらはやがて郷土や家庭の料理となって、和食の中にとりこまれていきます。

庶民の食

江戸時代には、庶民の食文化が豊かに開花します。一日三食制が定着し、屋台で売られる天ぷらやすしもこのころ流行。しょうゆが広がります。料理本がたくさん出され、料理の知識や技術、食情報が普及。社交場としての料理屋も繁盛します。江戸時代後期において、現代の和食の要素が出そろいました。

三、いただきますの心

食事への向き合い方は民族によって異なります。

ハレの日のごちそう

日本の暮らしには、ハレの日とケの日の区別があります。ケはふだんの日常で、ハレは非日常の特別な日。結婚式や成人式といった人生儀礼や、正月やお祭りなどの年中行事がそれにあたります。

ハレの日に欠かせないのが、ごちそう。尾頭つきの鯛《たい》、赤飯、餅などに加え、今日では、すしなども定番でしょう。みんなでごちそうを食べて祝い清めます。「共《とも》に食べるごちそう」には、ひとつ大切な意味があります。それは人と人とを結ぶ役割。

正月に、家族がそろって雑煮を食べて祝うだけで、家族の絆は深まり、冠婚葬祭では酒をくみかわして、親族のつながりを改めて感じます。

地域の祭りでは、産土神《うぶすながみ》（土地の守護神）に供物やお神酒《みき》を捧げて、自然への感謝の気持ちを表します。お祓《はら》いのあとは、それらを下げてみんなでいただく「直会《なおらい》」という酒宴をします。これは単なる打ち上げではなく、神と人が共食《きょうしょく》することで一体となり、神の加護を期待するもの。地域の仲間の結束が強まります。

食事を共にすることを通じて、親から子、子から孫へと、家庭や郷土の伝統が受け継がれてきました。バトンは今、私たちの手に。

和食のマナー

マナーは人と人とが気持ちよくつきあいするためのふるまい方でしょう。これは時代や環境によって変化するもの。たとえば「飯碗を手に持って食べる」日本の食べ方は、国が違えばマナー違反。ところが、日本にいてそれを知らないと周囲を戸惑わせ、恥ずかしい思いをします。

日本の食事作法は、貴族や武士の礼法の中で体系化されてきました。室町時代には、四条流、大草《おおくさ》流などといった武家の料理流派が成立し、公家や武士の教養・儀礼・しきたりなどを意味する「有職故実《ゆうそくこじつ》」が整えられます。江戸時代に礼法書がたくさん出版され、庶民の家でも食事作法のしつけがありました。

時代を超えて変わらぬ和食の作法といえば、たとえば、箸づかい。箸のマナーを守ることは、個人のふるまいを正すだけではなく、「美しく食べる」という、気品ある和の精神を広く伝えていくことに通じます。

もてなす

大盤振る舞いのごちそうをすれば、おもてなしでしょうか？ 日本の「おもてなし」は一方通行の「サービス」とは違います。もてなす側は、喜んでもらいたいと工夫を凝らす。もてなされるほうも、その意を汲みとって受けとめられる。そうした双方の間におもてなしは成立します。

13世紀、禅僧・道元は、食事を作る僧＝典座《てんぞ》の心がまえを述べた『典《てん》座教訓《ぞきょうくん》』を著しています。食材に敬意を払い、相手の立場に立って、手間と工夫を精一杯行うことに意味があるとします。そして食べる側の心がまえを『赴粥飯法《ふしゅくはんぽう》』に記し、食事ができるまでの苦労や食材の尊さに感謝し、正しい心で食べるのも修養と説きます。「いただきます」や「ごちそうさま」の原点かもしれません。

和食の真髄は、互いを思いやる心。その意味で、家族同士、仲間同士、いたわり合いながら連綿と営まれてきた日本の暮らしの中に、和食の伝統が息づいてきたのでしょう。

炊きたての ごはん

食に精通した芸術家、北大路魯山《きたおおじろさん》人《じん》は言います*「うまいものの極致は米なのである。うまいからこそ毎日食べていられるわけなのである」と。水加減、火加減して土鍋で炊きあげるごはんの味をぜひ。

*『魯山人の美食手帖』角川春樹事務所 2008年刊

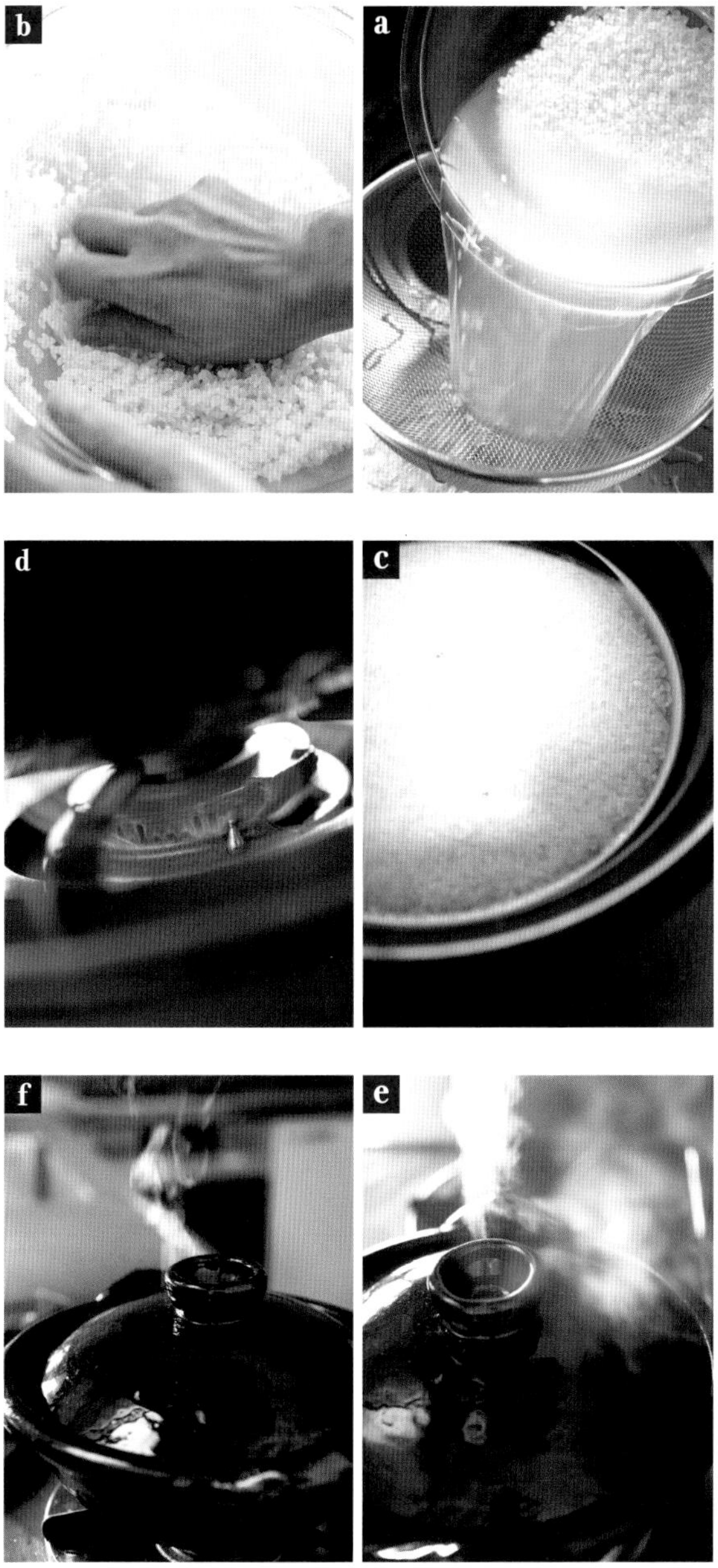

土鍋で炊くごはん

●材料（2合・4人分）

米…2合（300g・360㎖）
水…400㎖（米の容量の約1.1倍）

●作り方（1人分269㎉ 塩分0.0g）

1 米をとぐ。最初の水はすぐ捨て**a**、米を20回程度とぐ**b**。3、4回すすいで、水気をしっかりきる。

2 米を土鍋に入れ、分量の水を加える**c**。ふたをして、30分以上つけておく。

3 土鍋を中火にかけ、約10分かけて沸騰させる**d**。

4 ふたの穴から蒸気が勢いよく出る状態を、中火のまま30秒ほど保ち、しっかり沸騰させる**e**。

5 弱火にして10分炊く**f**。

6 火を止める前に、10秒強火にして余分な水分をとばし、火を止める。

7 そのまま10分蒸らす（芯までふっくらする）。大きく混ぜる。

だしの香り

動物にとって「うま味」は本能的に好む味。一方、「風味」の好き嫌いは食体験による後天的なものといわれます。うま味と、魚や乾物などの風味を合わせもつだし。幼児期からのくりかえしの食体験が、だしのおいしさ、和食の味覚を育てます。

合わせだし

●材料（650mℓ分）

水…800mℓ
昆布…5cm角（5g）
けずりかつお…10g

●作り方（全量で13kcal 塩分0.7g）

1 鍋に分量の水を入れ、昆布をつける。30分以上おく **a**（うま味が出やすくなる）。

2 鍋を弱火にかけてじっくりとうま味を引き出し、沸騰寸前に昆布をとり出す **b**（煮続けると、海藻臭やねばりが出る）。

3 強火にし、沸騰したらけずりかつおを入れ **c**、再沸騰したら火を止める **d**。約2分おく。

4 ペーパータオルを敷いたこし器にあけ **e**、だしをこす **f**。

※昆布とかつおぶしを合わせてとる「合わせだし」は、うま味の相乗効果で格別においしい。すまし汁や茶碗蒸しなどにおすすめ。

目次

【冬】七十二候の季節だより

和食の創作 すし

日本の正月 おせち

【正月】七十二候の季節だより

この本の表記について

【レシピの表記】

●計量の単位
大さじ1＝15㎖　小さじ1＝5㎖　カップ1＝200㎖　1合＝米用カップ1＝180㎖

●レシピの材料の分量
材料の重量は、基本的には調理前のもので、皮や種などを除いていません。

●電子レンジ
加熱時間は500Wのめやす時間です。600Wなら加熱時間を0・8倍に、700Wなら0・7倍にしてください。

●グリル
加熱時間は両面グリルの場合をめやすにしています。片面グリルの場合は数分長くかかります。

●だし
特にことわりがない場合、「だし」はかつおだしを使います。市販のだしの素を使う場合は、商品の表示に従って水などでうすめて使ってください。

●みそ
特にことわりがない場合、「みそ」は信州みそのような淡色系の辛口みそを使います。

【レシピの栄養価表記】

●00kcal　塩分0.0g
kcalはエネルギー量、塩分は食塩相当量（ナトリウムの量を食塩に換算した量）です。

家で味わう

四季の和食

たとえば、秋刀魚《さんま》に添える青いすだちの酸味が、温かい椀に浮かぶ黄ゆずの芳香に変われば、季節は秋から冬へ。目で鼻で舌で、日本人は季節の移ろいを敏感に感じとってきました。

和食には「走《はし》り、旬《しゅん》、名残《なごり》」ということばがあり、ひとつの食材の中にも季節を見ています。有名なのは江戸の初鰹《はつがつお》。五穀豊穣《ごこくほうじょう》の恵みの梅雨と夏を連れてくるめでたい魚として、また初物《はつもの》は縁起がいいとして、気の早い江戸っ子などは「走り」の鰹を、先を争って買い求めたといいます。北へと向かう黒潮にのってその後たくさん獲れ出すと、鰹は「旬」を迎えます。秋になり南へ下ってくるのは戻り鰹。その味は、過ぎゆく季節を惜しむ「名残」のおいしさです。

和食には、あえる、焼く、蒸す、炊くなどの多くの調理法があります。多様な食材を、だしと和の調味料と調理法とで、いろいろな料理にして楽しめるのも和食の醍醐味でしょう。四季折々の自然の食材を活かしたシンプルな料理は、健康的な食事として海外からも注目されています。

春

七十二候の季節だより——

「草木萌動（そうもく めばえ いずる）」

眠っていた生き物が起き出す季節。

雪下に芽吹くふきのとうも、
冬ごもりの虫も顔を出し始めます（啓蟄《けいちつ》）。

桜前線とともに季節は進み、
早苗を植える皐月《さつき》。

「蛙始鳴（かわず はじめて なく）」

八十八夜の新茶を飲めば無病息災。

あさりの白あえ ≫P.020

鯛の木の芽焼き ≫P.025

かぶの桜漬け ≫P.027

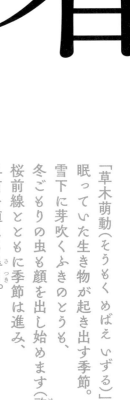

若竹煮
≫P.028
ふきごはん
≫P.032
そら豆と長いものすり流し
≫P.031

さよりと山菜の黄身酢かけ

まろやかな酸味の黄身酢で
春の恵みを食べます。
日本の野菜のほとんどは外来由来ですが、
うどや三つ葉などの山菜、
みょうがやわさびは、
太古より自生していました。

あえもの

●材料（2人分）
＊さより（生食用）…2尾（200g）
うど…10㎝（90g）
こごみ…2本
うるい…2本（30g）
〈黄身酢〉
卵黄…1個分
＊＊西京みそ…大さじ1½
だし…大さじ1½
酢…大さじ1

＊魚店で三枚におろしてもらっても。
＊＊淡黄色の甘口みそ。白みそとも呼ばれる。

●作り方（1人分135kcal 塩分1.1g）

1 さよりは三枚におろす（うろこを除き、頭を落とし、内臓を除いて洗う。まな板に置き、上下の身を切り分けて中骨をはずす。腹骨をそぎとる）。

2 さよりの皮をひく。ひと口大に切る（縦に切りこみを入れて左右に開いて巻くと、早蕨《さわらび》の形になる）。

3 うどは5㎝長さに切り、皮をむく。6〜7㎜角の拍子木切りにし、酢水（水200㎖＋酢小さじ1・材料外）にさらす a。こごみとうるいは、さっとゆで b、水にとる。食べやすく切る。

4 黄身酢を作る。まず、みそをだしでよく溶く。小鍋に卵黄を入れ、溶いたみそを混ぜ c、酢も混ぜる。大きめの鍋に湯を沸かして火を止め、小鍋を湯せんにかける d。混ぜながら、もったりとしてきたら e、湯せんをはずす。

5 器に山菜とさよりを盛りつけ、黄身酢をかける。

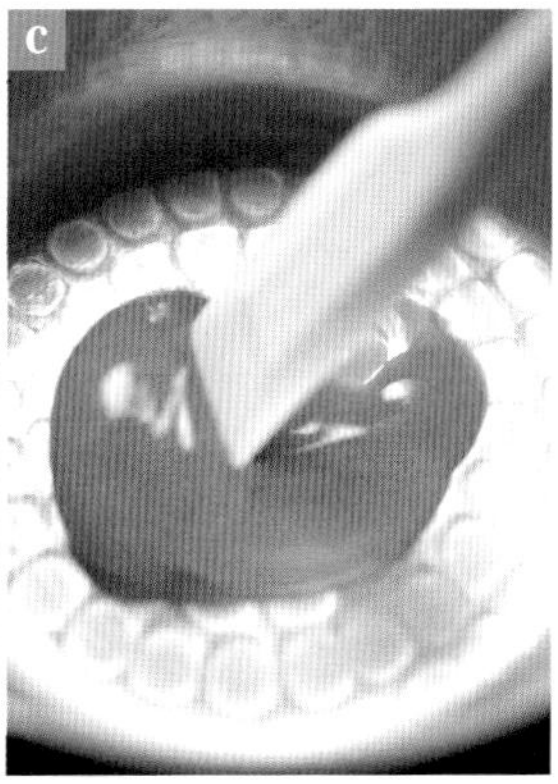

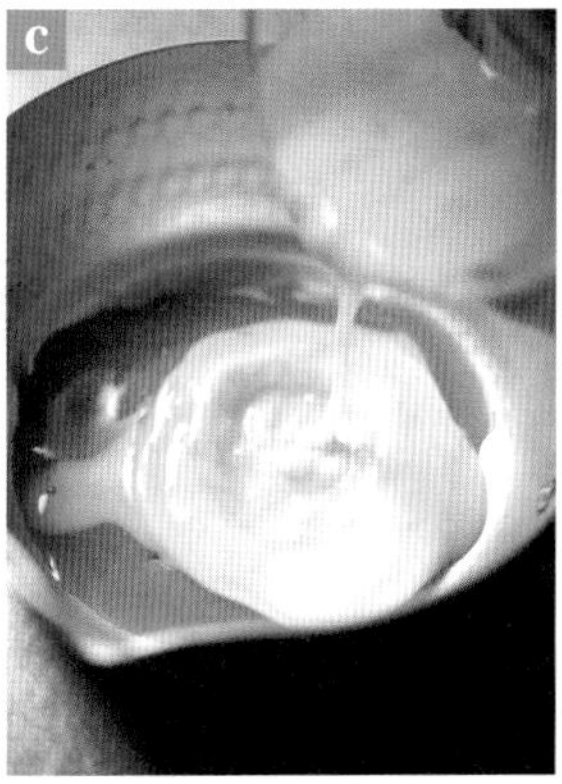

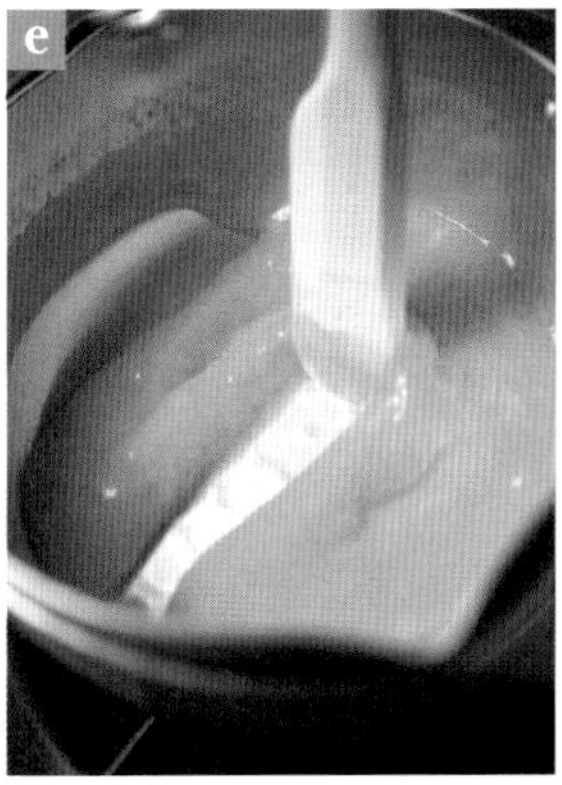

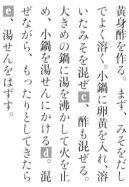

あえもの

あさりの白あえ

白いとうふの衣と具を混ぜる「白あえ」。「和《あ》えもの」は和食の特徴的な料理です。混ぜるだけではなく、それぞれの味を「和《なご》ませる」からおいしい。

材料（2人分）

あさり（殻つき・大きめ）…250g
酒…大さじ2
にんじん…2cm（15g）
さやえんどう…6枚

A
あさりの蒸し汁＋水…100mℓ
うすくちしょうゆ…大さじ½
みりん…小さじ1

〈あえ衣〉
いりごま（白）*…大さじ2（12g）
とうふ（もめん）…⅓丁（100g）
砂糖…大さじ½
塩…少々

*白練りごま（12g）で代用可能。

作り方（1人分106kcal 塩分1.8g）

1 あさりは塩水（水200mℓ＋塩小さじ1・材料外）につけて砂抜きをし、洗う。フライパンにあさりを入れて酒をふり、ふたをして弱めの中火で蒸し煮にする。殻が開いたら火を止め、そのまま5分おいて蒸らす。あさりの身をはずし、蒸し汁はこしてとりおく。

2 とうふは、沸騰した湯に大きくほぐして入れ、2分ほどゆでる。ふきんを敷いたざるにあけ、あら熱がとれたら、ふきんで水気をしぼる。

3 にんじんは2cm長さのたんざく切りにする。さやえんどうは筋をとり、斜めに細く切る。

4 鍋にAを沸かし、弱めの中火で、あさりの身をさっと煮てとり出す。次に、にんじんを入れて約1分煮、さやえんどうも加えてもう1分煮て、ざるにとる。

5 小鍋にごまを入れ、弱火で軽くいる。すり鉢にあけ、油がにじみ出るまで充分にする（5分ほど）。とうふを加えてすり混ぜ、砂糖、塩を混ぜる。4を加え、あえる。

菜の花とあおやぎのぬた

どろりとしたようすが
沼田《ぬまた》を連想するから「ぬた」ですが、
ここでは上品仕様に。
色合い、味とともに、
ぬたには西京みそがよく似合います。

● 材料（2人分）

あおやぎ*（刺身用）…50g
酒…小さじ1
酢…小さじ1
菜の花…100g
うすくちしょうゆ…小さじ½

〈酢みそ〉
西京みそ**…大さじ1
砂糖…小さじ1
酢…小さじ2
練りからし…小さじ⅓

*ばか貝のむき身の、内臓をはずした黄赤っぽい部分。「舌切り」と呼ばれる。
**淡黄色の甘口みそ。白みそとも呼ばれる。

● 作り方（1人分62kcal 塩分0.9g）

1 あおやぎは塩水（水200mℓ+塩小さじ1・材料外）で洗い、熱湯に2〜3秒つけ a 、氷水にとる。水気をきり、酒と酢をかけておく。

2 菜の花はゆでて水にとる。水気をしぼり、うすくちしょうゆをかけて b 再度しぼる（しょうゆ洗い）。3〜4cm長さに切る。

3 ボールに酢みその材料を合わせ c 、あおやぎと菜の花をあえる d 。

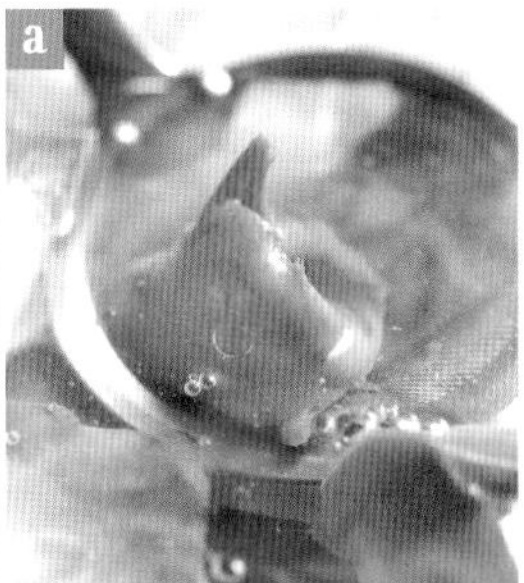

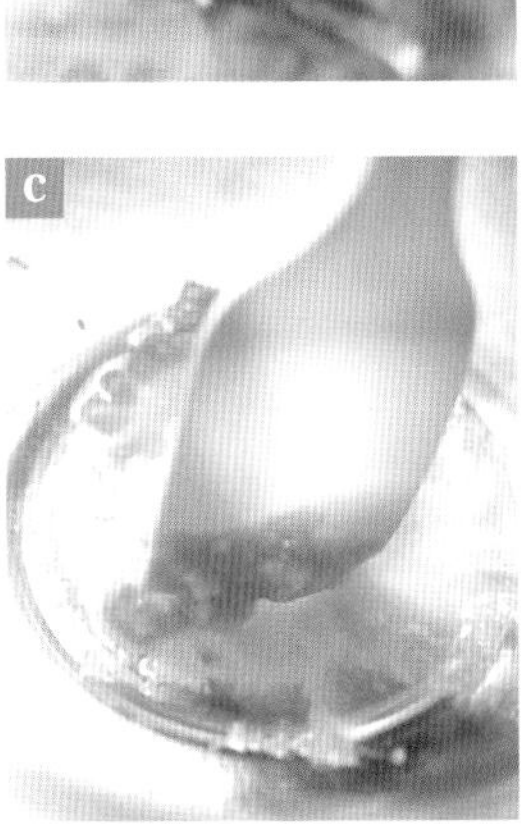

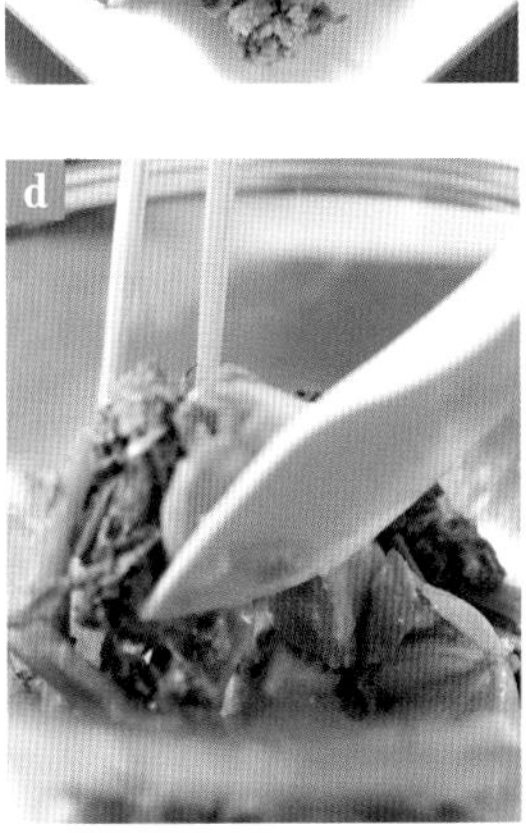

えびの湯葉巻き揚げ

禅僧が豆腐《とうふ》とともに
中国から持ち帰ったといわれる湯葉。
僧の食事のたんぱく源として使われ、
やがて寺院の門前に
湯葉料理の店ができて、
庶民へと広がっていきます。

揚げもの

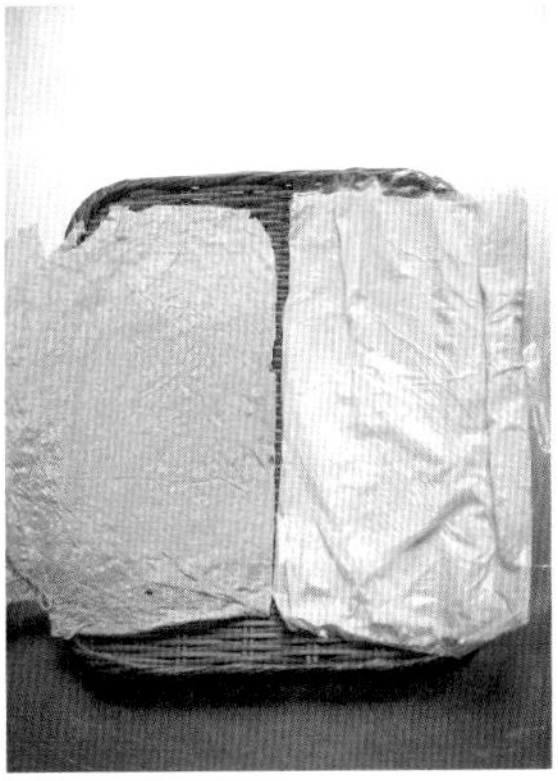

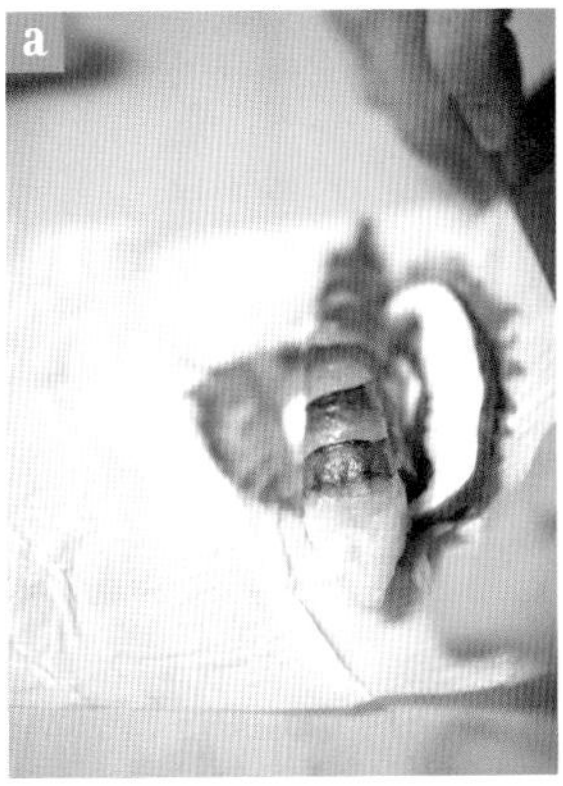

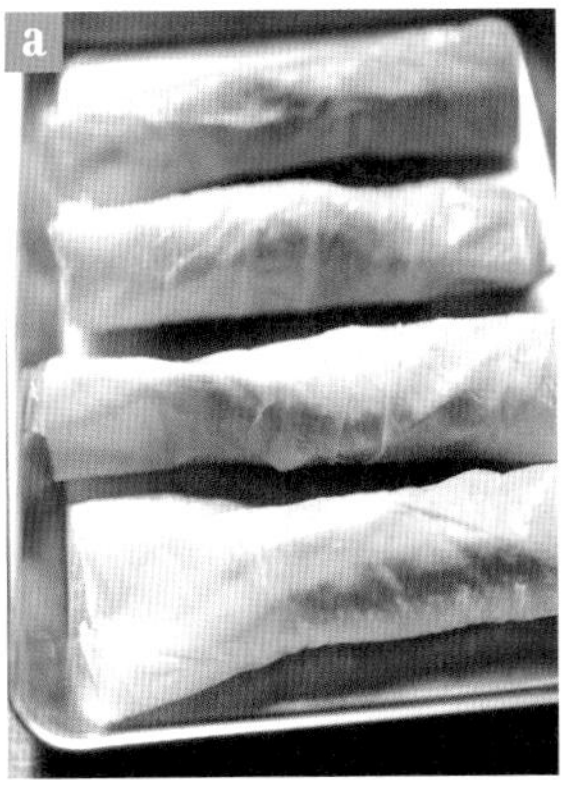

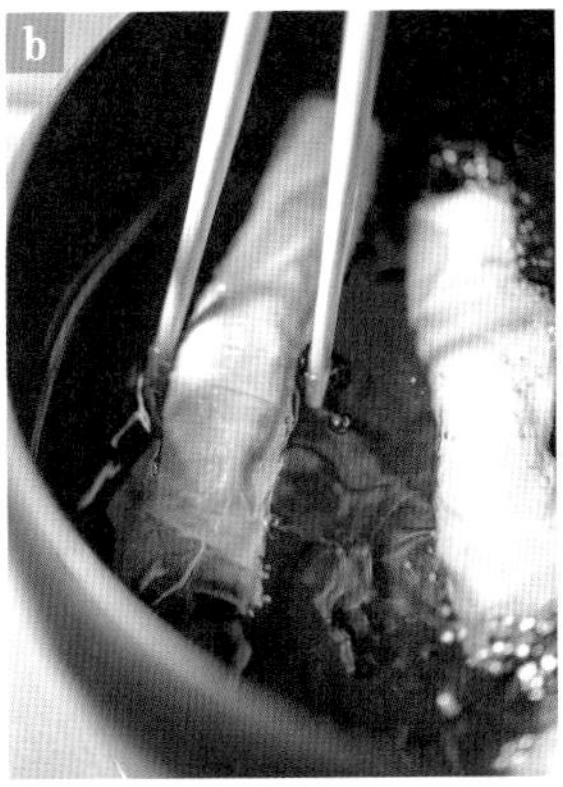

●材料（2人分）

えび（無頭）…4尾（80g）
　酒…大さじ½
　塩…少々
しその葉…4枚
しいたけ…1個
平湯葉*（30×20㎝）…2枚
〈ふきのとうの天ぷら〉
ふきのとう…4個
うど（穂先）…2本
小麦粉…大さじ1
水…大さじ1
揚げ油…適量
粗塩…少々

*平湯葉は、半乾燥品を使用。乾燥品は表示に従い、水や湯でもどして使う。

●作り方（1人分194kcal　塩分0.7g）

1 えびは殻をむき、背わたをとり、腹側に斜めに2本切りこみを入れる。酒と塩をふってよくもみ、水で洗う。

2 しそは軸先を除き、しいたけは薄切りにする。湯葉は長辺を半分に切る。

3 湯葉の上に、しそ1枚、しいたけ¼量、えび1尾をのせる。塩少々（材料外）をふり、棒状に巻く a。4本作る。

4 揚げ油を中温（約170℃）に熱し、色よく揚げる b。

5 ふきのとうの天ぷらと盛り合わせ、粗塩を添える。

〈ふきのとうの天ぷら〉

1 ふきのとうは、まわりの部分を開いて形を整える c（竹串を刺して揚げても）。

2 小麦粉を分量の水で溶いて衣を作る。ふきのとうに衣を軽くつけ、中温（約170℃）の油で、淡い色に揚げる d。うども同様に揚げる。

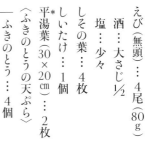

千草焼《ちぐさや》き

焼きもの

「千種」とも書き、いろいろな材料をとり合わせたという意味。秋の季語ですが、ここでは春の三つ葉としいたけで、芽生えの料理に見立てています。

● 材料（2人分）

卵…3個
かに（ほぐし身・缶詰）…50g
しいたけ…1個
三つ葉…5本
A かにの缶汁＋だし…大さじ3
みりん…大さじ½
うすくちしょうゆ…小さじ½
サラダ油…適量

● 作り方（1人分163kcal 塩分1.0g）

1 しいたけと三つ葉は、粗みじんに切る。

2 卵を割りほぐし、Aを混ぜて、こす。かに、1を加えて混ぜる。

3 銅や鉄の卵焼き器なら、油ならしをする（油を大さじ3ほど入れて弱火で温め、あける）。

4 卵焼き器にペーパータオルで油を薄くひく。卵液を3、4回に分けて入れながら、だし巻き卵の要領で焼く。

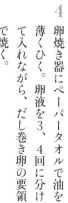

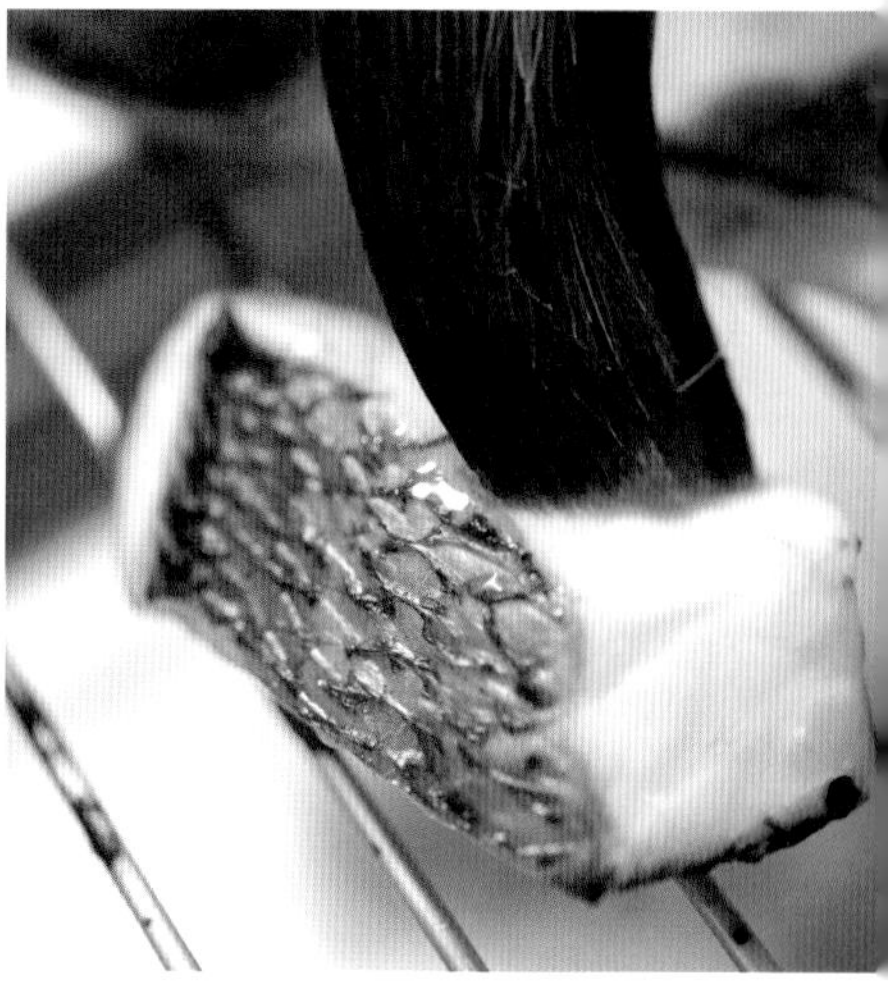

焼きもの

鯛《たい》の木の芽焼き

鯛は「めでたい」に通じるとしてハレの場に欠かせません。
また神様に供える気高い魚とされます。
その鯛に木の芽で和の香りを添えた、気品あるひと皿です。

●材料（2人分）

鯛（中骨なし）
…2切れ（200g）
木の芽…12枚
〈つけだれ〉
─みりん…大さじ1
─酒…大さじ1
─うすくちしょうゆ…小さじ2
〈前盛り〉
─そら豆…6〜8粒

●作り方（1人分208kcal 塩分0.9g）

1 鯛は2、3等分に切る。たれを合わせ、約30分つけおく。途中で上下を返す。

2 そら豆は浅い切り目を1つ入れる。

3 鯛の汁気をきる（たれはとりおく）。そら豆と一緒に、中火のグリルで焼く。

4 そら豆は焼き目がついたらとり出す。鯛は、淡い焼き色がついたら（両面グリルなら6〜7分）、たれを刷毛で「塗っては弱火で乾かす」を手早く2、3回くり返し、焼きあげる。

5 木の芽をきざみ、鯛に散らし、盛りつける。そら豆を添える。

鯛《たい》の桜蒸し

和食ならではの香り。

古来、桜は神が宿る木とされ、人々は満開の桜の下で供物を捧げて共に食べ、これから始まる農作業の安泰と豊穣《ほうじょう》を祈りました。

お花見のルーツです。

●材料（2人分）

鯛*（中骨なし）…2切れ（200g）
塩…小さじ1/4
桜の葉（塩漬け）…8枚
桜の花（塩漬け）…4個
酒…大さじ3
〈ぽん酢しょうゆ〉
レモン汁…小さじ1
しょうゆ…小さじ1
だし…大さじ1

*厚みがあるものがよい。

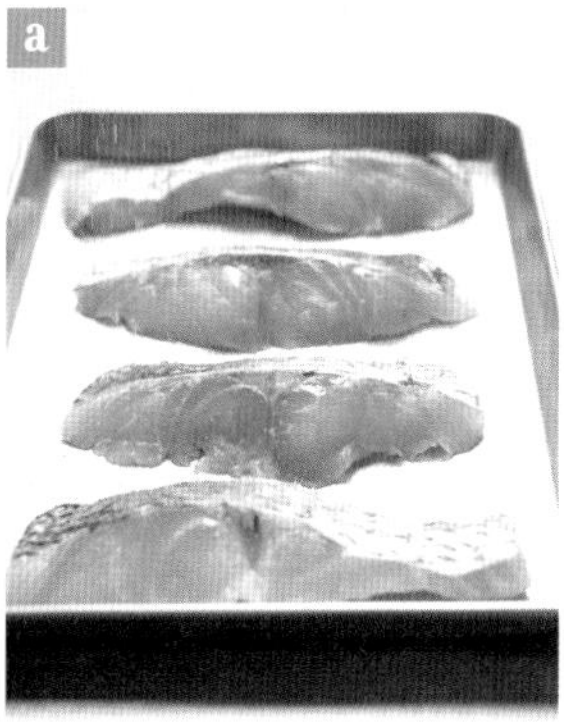
a

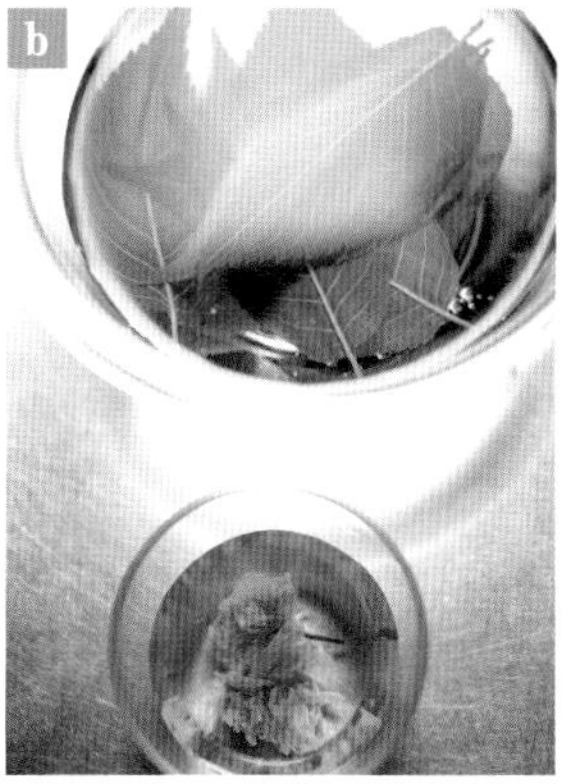
b

●作り方（1人分188kcal 塩分1.3g）

1 鯛は厚みを半分に切り、塩をふって15分ほどおく a。

2 桜の花はさっと洗う。花と葉をそれぞれ水に15～20分つけて適度に塩気を抜く b。

3 鯛の水気をふき、桜の葉2枚で鯛を1切れずつはさむ c。4組を耐熱皿に並べ、酒をそそぐ d。

4 蒸気の立った蒸し器にかける。強火で7～8分蒸す e（電子レンジなら、ラップをし、2組で約2分30秒（500W）加熱）。

5 器に盛りつけ、蒸し汁をかけ、桜の花を飾る。ぽん酢しょうゆを合わせて添える。

c

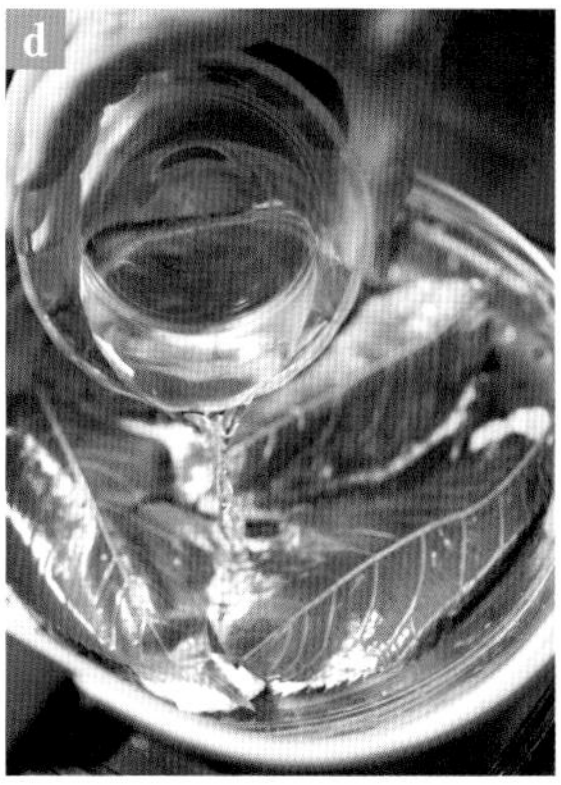
d

e

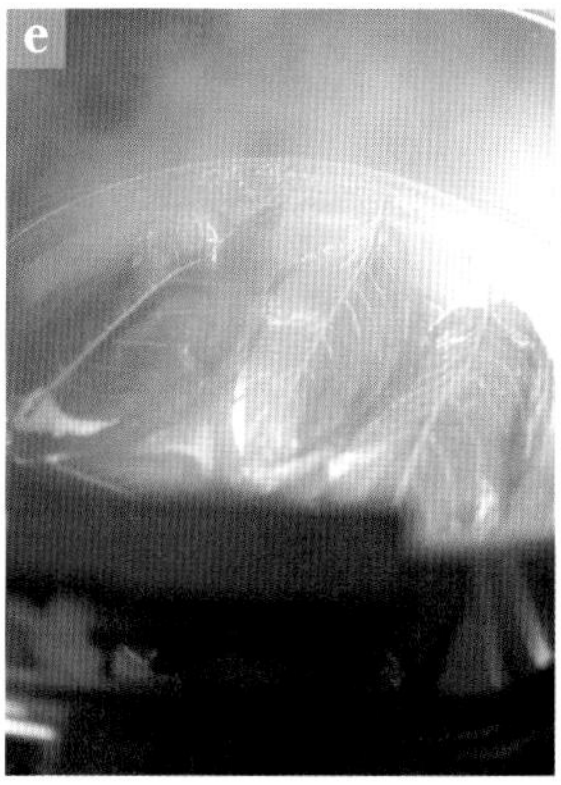
e

かぶの桜漬け

かんたんに作れ、3～4日楽しめます。

●材料と作り方（作りやすい分量 全量で76kcal 塩分2.4g）

1 桜の花の塩漬け15gは、さっと洗う。かぶ2個（200g）は、くし形に切り、皮をむく。

2 耐熱容器に［砂糖大さじ1、酢大さじ3、酒大さじ1、塩小さじ1/3］を合わせ、かぶを加えてあえる。ラップはせずに、電子レンジで約1分30秒（500W）加熱する。

3 桜の花を加え、冷蔵庫に1日おく。

若竹煮

わかめとたけのこで「若竹」。
海と山のうま味で相性よし。
木の芽も含めて季節の
〝出会いもの〟として、
家庭のおかずに、よく一緒に
使われてきました。

●材料（2人分）

たけのこ（ゆでたもの・下欄）…130g
わかめ（塩蔵）…25g
〈煮汁〉
だし…300mℓ
みりん…大さじ1
うすくちしょうゆ…大さじ½
〈天盛り〉
木の芽…10枚

●作り方（1人分41kcal 塩分1.2g）

1 たけのこは、穂先は5～6cm長さのくし形に、太い部分は7～8mm厚さの半月切りかいちょう切りにする。

2 わかめはさっと洗い、水に5分ほどつけてもどす。3cm長さに切る。

3 鍋に煮汁とたけのこを入れ、ふたをして弱めの中火で約15分煮る。わかめを加えてさっと煮る。

4 器に盛りつけ、木の芽を飾る。

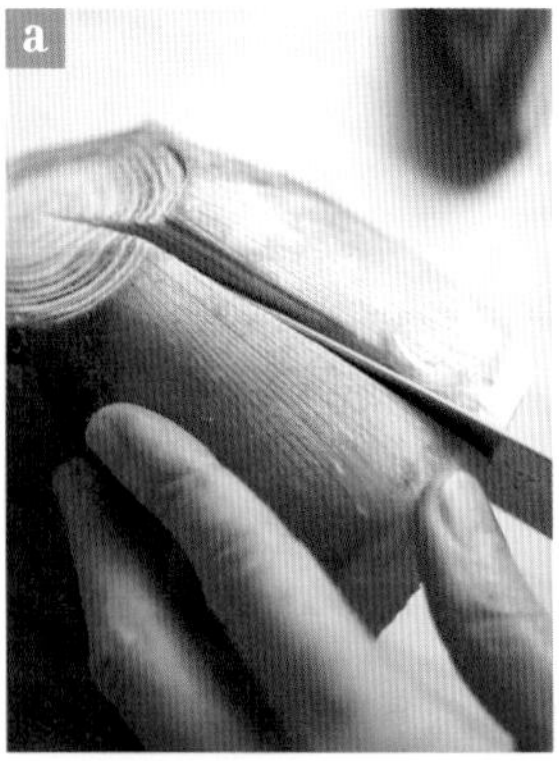
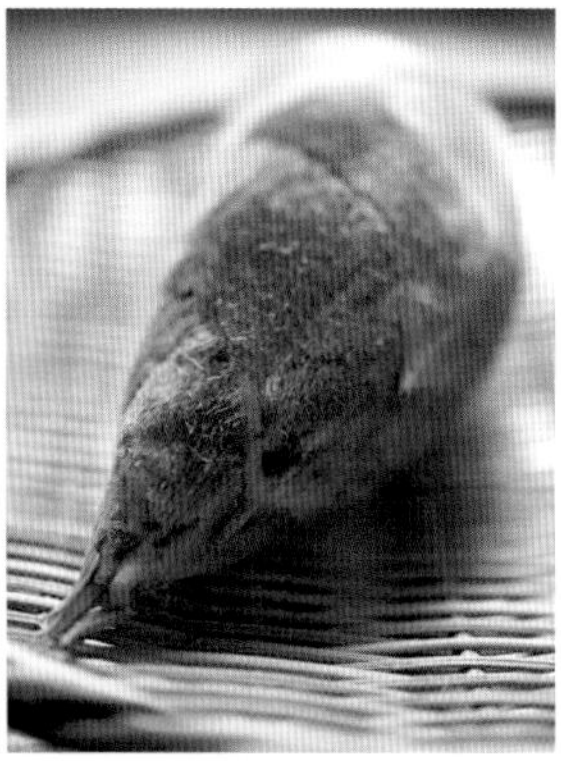

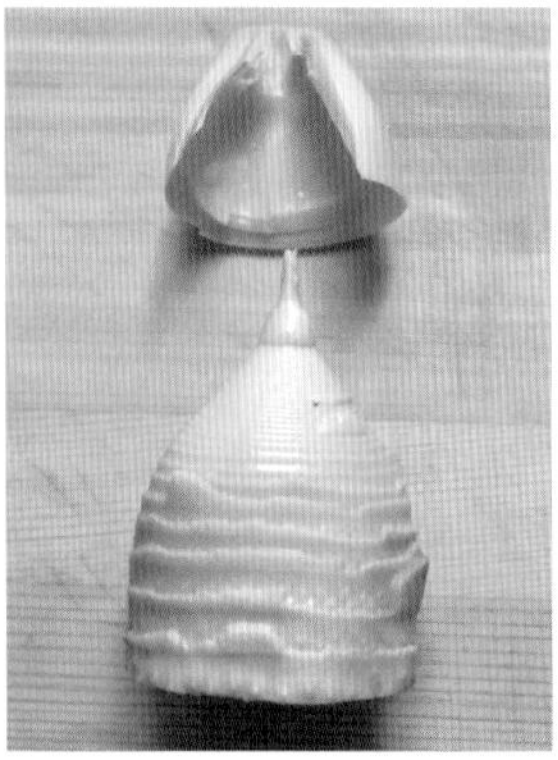
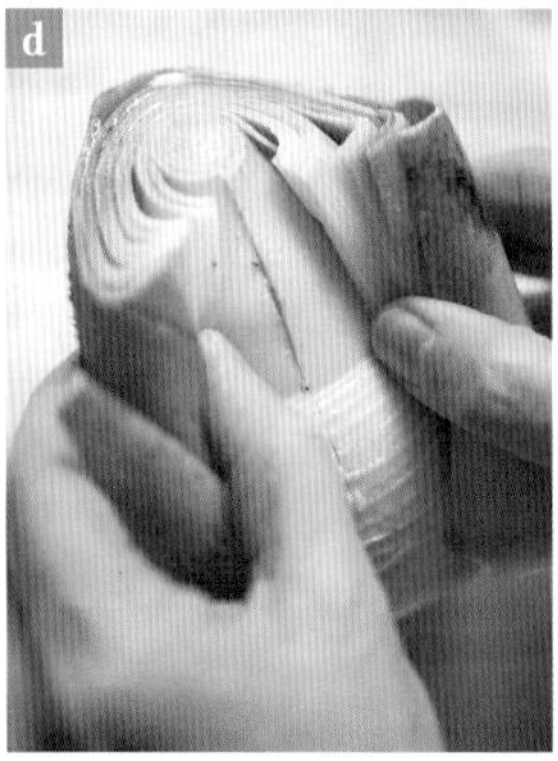

たけのこのゆで方

刻々とえぐみが増すので、すぐゆでるのが秘訣。

1 根元のかたい部分を落とし、穂先は斜めに切り落とす。皮の部分に縦の切りこみを1本入れる a。

2 鍋に、たっぷりの水とぬか、または米のとぎ汁を入れる（ぬかは水1ℓに対して約10gの割合）。たけのこ、赤とうがらし1本を入れ b、落としぶたをのせ、強火にかける。

3 沸騰したら弱火にし、1時間ほどゆでる。

4 根元に竹串を刺し、スッと通ればゆであがり c。ゆで湯につけたまま冷ます。

5 さめてから洗い、皮をむく d。水につけて保存する（毎日水をかえ、冷蔵で約1週間保存可能）。

※先端の薄い皮「姫皮」は、あえものや汁の実に使える。左写真は「姫皮の梅あえ」。（姫皮40g、梅だれ［梅肉12g、みりん大さじ½、うすくちしょうゆ少々］／全量で39kcal 塩分2.9g）。

煮もの

煮もの

蛍いかとよもぎ麩《ぶ》の含め煮

闇夜に光る蛍いかは春の富山湾の名物です。合わせた生麩は、精進料理が栄えた京都や金沢が有名。郷土の産物には、日本の伝統が生きています。

●材料（2人分）

蛍いか（市販のボイル）*…70g
よもぎ麩（生麩）…70g
〈煮汁〉
だし…200㎖
みりん…大さじ2
うすくちしょうゆ…大さじ2
〈天盛り〉
しょうが（3㎝長さ）…20g
木の芽…10枚

*生の蛍いかを使う場合は、しっかり火を通す。

a

●作り方（1人分117kcal 塩分1.7g）

1 蛍いかは洗って水気をきる。骨抜きで目と軟骨をとる a。よもぎ麩は4等分に切る。

2 鍋に煮汁を沸かし、蛍いかとよもぎ麩を入れる。ひと煮立ちしたら火を止める。そのままさまして味を含ませる。

3 しょうがはせん切りにし、水に放して水気をきる（針しょうが）。木の芽は細かくきざみ、針しょうがと混ぜる。

4 2を器に盛りつけ、3を添える。

そら豆と長いものすり流し

「すり流し」は魚介、野菜、とうふなどをすってだしでのばす伝統の汁ものです。昔は「擂《す》り鉢」で、雷のごとくゴロゴロとすったことでしょう。

汁もの

材料（2人分）

そら豆（皮つき）*…150g
長いも…80g
だし…250㎖
A 塩…小さじ1/8
　うすくちしょうゆ…小さじ1
　みりん…小さじ1/2

*さやつきなら約400g。

作り方（1人分54kcal 塩分1.0g）

1 長いもは半量の40gをいちょう切りにして鍋に入れ、だしを加えて弱火で10分煮る。あら熱をとる。

2 そら豆は沸騰した湯に入れ、やわらかめにゆでる（約5分）。あら熱がとれたら皮をむき、80gを使う。

3 ミキサーに、1のいもと汁、そら豆80gを合わせて30秒かけ、なめらかにする。

4 3を鍋に移して温め、Aで調味する。

5 残りの長いも40gをすりおろす。椀に4のすり流しをよそい、とろろを箸でくるくるとまとめながらのせる a。

a

ふきごはん

日本在来のふき。古代人は、雪の下のふきのとうを摘み、育つ茎を食べて春を過ごしたのでしょうか。今は温室育ちが冬から出回り、全形もわかりにくくなりました。

●材料（4人分）

米…2合
（300g・360㎖）
水…300㎖
ふき（ゆでたもの・下欄）
…2本分（120g）
A
だし…100㎖
みりん…小さじ2
うすくちしょうゆ
…小さじ2

●作り方（1人分279kcal 塩分0.5g）

1 米はとぎ、分量の水300㎖につけて30分以上おく。

2 ふきは1cm長さに切る。鍋にAを煮立ててふきを入れ、ひと煮立ちしたら、ふきをとり出す（色よく保つため）。煮汁と別々にさます。

3 煮汁に水をたして100㎖にし、これを1に加える。炊飯器で炊く。

4 炊きあがったごはんに、ふきを混ぜる。

ふきのゆで方

まとめゆでが便利。

1 ふきは鍋に入る長さに切り、塩をふって板ずりする a（200gに対して塩約小さじ1の割合）。

2 たっぷりの湯を沸かし、塩がついたふきを入れて1～2分ゆでる b。

3 水にとってさまし、皮をむく c（端でまとめてむき集め、一気に引く）。

※水につけて、冷蔵で2～3日保存できる（毎日水をとりかえる）。

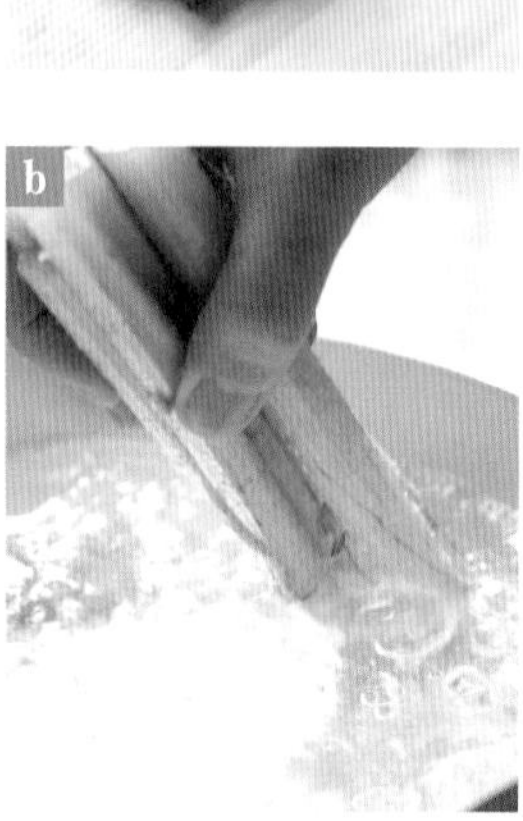

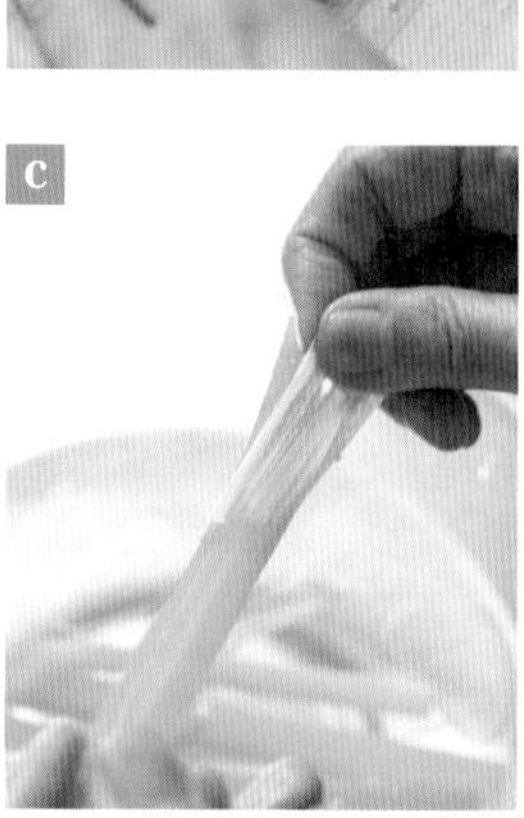

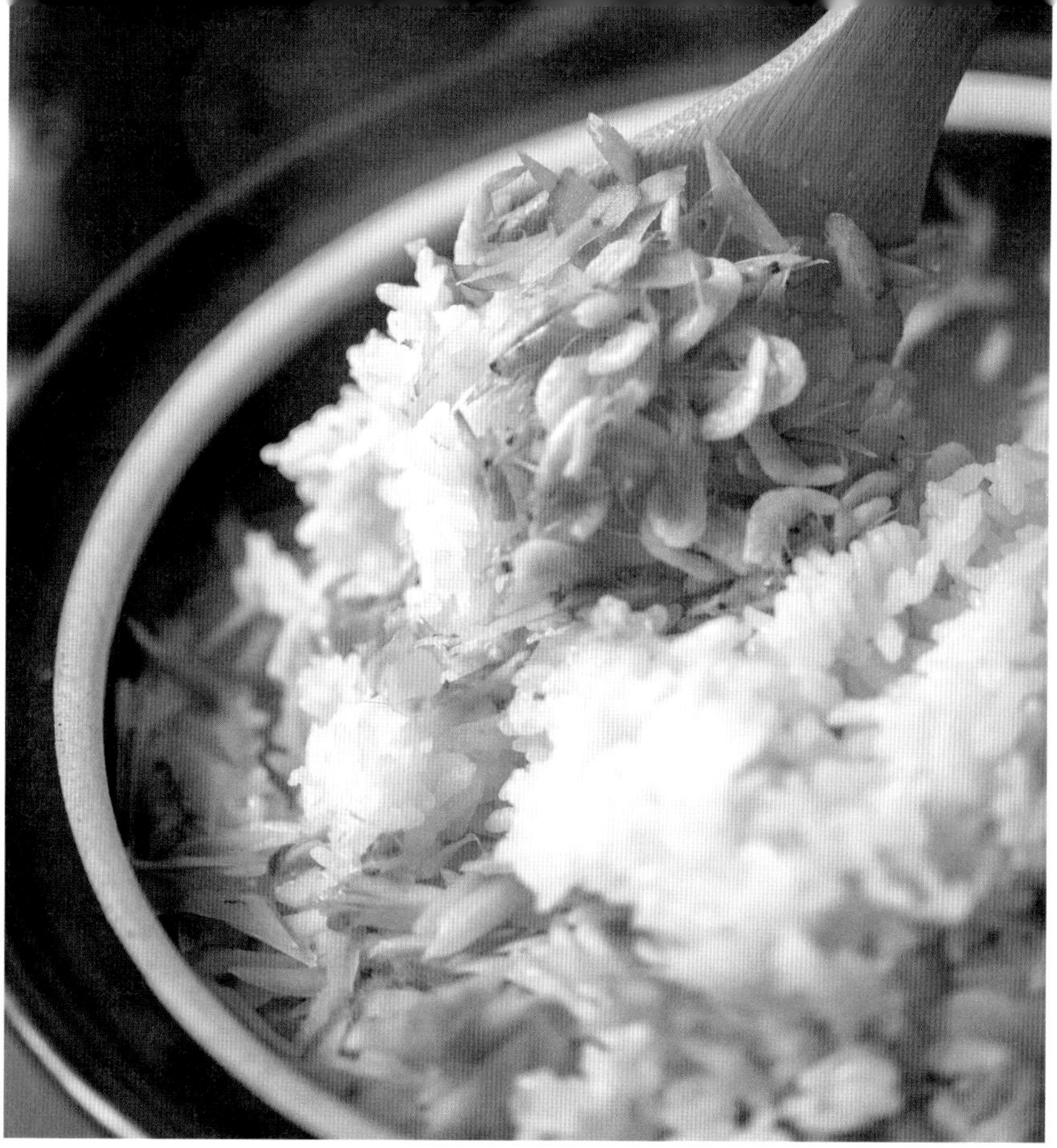

新ごぼうごはん

きんぴら、かき揚げなどと、ごぼうを日常的に食べるのは日本だけといわれます。ましてや、季節のみずみずしい新ごぼうの味を楽しめるのも和食ならでは。

ごはんもの

●材料(4人分)

米…2合
(300g・360㎖)
新ごぼう…1本(100g)
釜揚げ桜えび…40g
だし…370㎖
A 酒…大さじ1
　うすくちしょうゆ…大さじ1
塩…小さじ1/6

●作り方(1人分298kcal 塩分1.3g)

1 だしはさます。米をとぎ、だしにつけて30分以上おくa。

2 新ごぼうは洗う。縦に数本切り目を入れてから、ささがきにするb。水にさっと通し、水気をしっかりきる。

3 1にAを加えてひと混ぜし、ごぼうを広げてのせるc。ごはんを炊く(土鍋で炊く場合はp.9を参照)。

4 火を止めたら、桜えびを加え、10分蒸らす。大きく混ぜる。

夏の精進揚げ
≫P.044

白うりのさっぱりあえ
≫P.036

和牛焼きわさびのせ
≫P.043

すだちそうめん
小鉢
≫p.046

たこめし
≫p.047

夏

七十二候の季節だより——

「梅子黄(うめのみ きばむ)」

梅仕事も大詰め。麦茶の季節です。

「半夏生(はんげ しょうず)」

半夏(烏柄杓《からすびしゃく》)が生えると、田植えも終わり。

七夕の夜は、冷奴と刺身を肴に。

土用の丑《うし》の日はうなぎ。

『万葉集』では大伴家持《おおとものやかもち》が、
夏痩せにはうなぎがいいと歌っています。

あえもの

白うりのさっぱりあえ

コリコリとした歯ざわりで食事のあと味がさっぱり。
白うりは奈良時代には渡来しており、
漬けものの材料とされていました。

●材料（4人分）

白うり…1本（200g）
〈たて塩〉
- 水…200㎖
- 塩…大さじ½

〈加減酢〉
- 砂糖…大さじ½
- 酢…大さじ2
- だし…大さじ1

●作り方（1人分10㎉　塩分0.9g）

1 白うりは、皮を縦にしま目にむく。縦2つ割りにし、スプーンでわたをかきとる。3㎜厚さに切る。

2 ボールにたて塩の塩水を作り、白うりを約10分つける a。

3 しんなりしたら、水気をしぼる。ボールに加減酢を合わせ、白うりをあえる。

a

トマトのだしびたし

夏の食卓の汁もの代わりに。
江戸時代、トマトは観賞用でしたが、明治になって
西洋料理の広まりとともに食用へとなっていきます。

●材料（2人分）

トマト
…小2個（200g・完熟）
ズッキーニ…1/2本（縦半分）
〈つゆ〉
だし…200mℓ
塩…小さじ1/2
しょうゆ…小さじ1
酒…大さじ1
〈天盛り〉
みょうが…1/2個

●作り方（1人分28kcal 塩分1.4g）

1 つゆ用のだしを調味し、さます。

2 ズッキーニは、皮むき器でリボン状に実をけずる。

3 鍋にたっぷりの湯を沸かし、トマトを入れ、10秒ほどでとり出して冷水にとる。次に、ズッキーニをさっとゆでて同じ水にとる。

4 3の水気をよくきる。トマトは皮をむいてへたをくり抜き、へた側に約2cm深さの十文字の隠し包丁を入れる。ズッキーニと一緒につゆにつけ、30分以上冷蔵して味を含ませる。

5 みょうがはみじん切りにし、塩少々（材料外）を混ぜる。

6 器に盛りつけ、つゆをはる。みょうがを天盛りにする。

おひたし

胡《ご》麻《ま》どうふのじゅんさい小鉢

先人の知恵と工夫が詰まった一品。禅寺では食べること・作ることの意味を問い、一心に材料を探して作ること自体が修行とされます。和食文化の真髄でしょう。

材料（2人分）

いりごま*（皮むき・白）…35g
くず粉…20g
水…200mℓ
じゅんさい（生）…40g
おろしわさび（P.88参照）…少々
しょうゆ…適宜

*白練りごま（35g）で代用可能。

● 作り方（1人分137kcal 塩分0.5g）

1 椀などの器2つにラップを敷きこむ。分量の水を用意する。

2 ボールにくず粉を入れ、半量の水を少しずつ加えて溶きのばす。

3 小鍋にごまを入れて弱火でいる a。香ばしくなり、指でプチッとつぶれるくらいになったら、すり鉢にあける。

4 10～15分かけてよくする b。油がにじみ出るくらいになったら c、2を少しずつ加えてすり混ぜ、のばす d。

5 大きめの鍋に、こして入れる。2の残りの水ですり鉢をすすぎ、鍋にこして加える。

6 鍋を強火にかけ、木べらで混ぜながら加熱する。沸騰したら中火にし、ひとまとまりになるまでよく練り混ぜる e（約10分）。

7 1の器に半量ずつ入れ f、ラップをとじて輪ゴムでとめる。氷水につけて冷やし固める（約30分）。

8 じゅんさいは、熱湯でさっとゆでて冷水にとり、水気をきる。

9 胡麻どうふを器に盛りつけ、じゅんさいを加え、わさびを添える。しょうゆをかけて食べる。

a

b

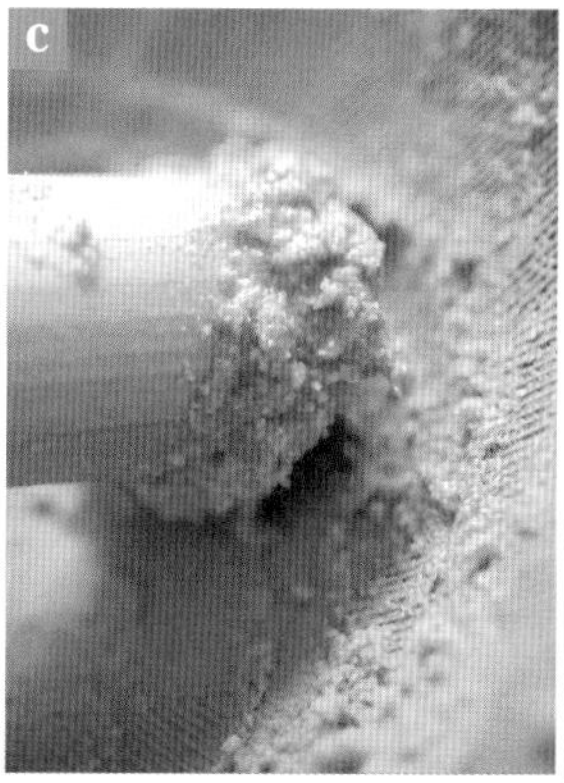
c

d

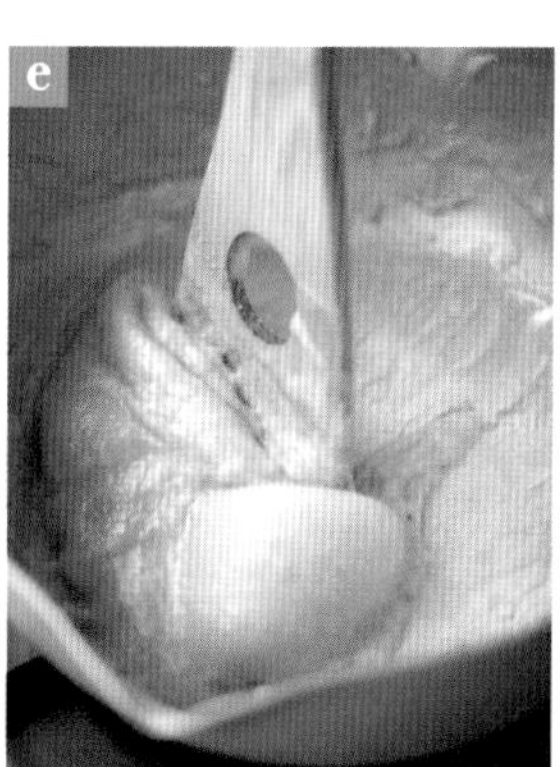
e

f

あじの焼《や》き霜《しも》造《づく》り

皮目をさっとあぶって冷やすと生ぐさみがとれ、焼き魚の香ばしさが加わります。熱で表面が白っぽくなるさまを和食では「焼き霜」と呼びます。

●材料（2人分）

あじ（生食用）…2尾（300g）
塩…小さじ1/4
※金串…1、2本

〈あしらい〉
きゅうり…1/2本
しその葉…2枚
しょうが…1かけ（10g）
花穂《はなほ》じそ…2本
紫芽《むらめ》…少々

〈土佐じょうゆ〉
水…100ml
けずりかつお…2g
みりん…大さじ1
しょうゆ…大さじ1

a

a

a

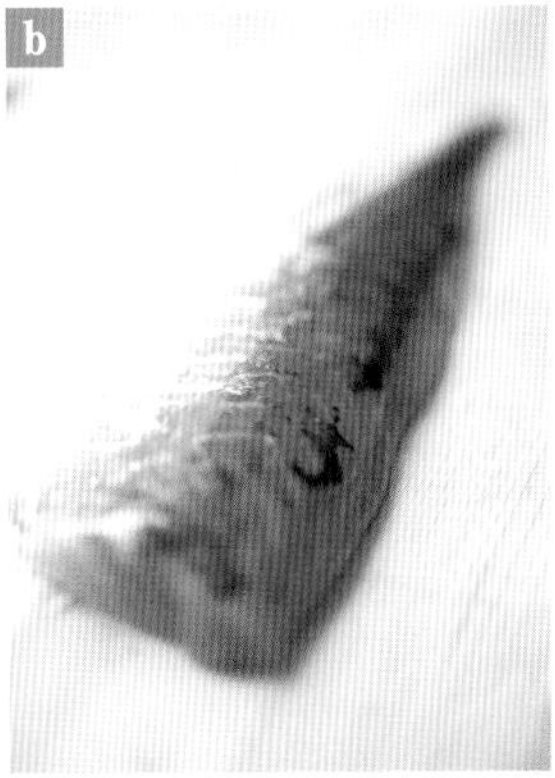

b

c

d

e

●作り方（1人分117kcal 塩分1.8g）

〈土佐じょうゆ〉

小鍋に材料を合わせて中火にかけ、沸騰後、弱火で3分煮る。こして、さます。

〈あしらい〉

しょうがはすりおろす。きゅうりは5cm長さに切り、かつらむきからせん切りにする（けん・p.88参照）。水にさらして水気をきる。

〈つくり〉

1 あじは三枚におろす* a。腹骨と小骨を除き、皮をひく b。

*うろこを除き、頭を落とし、内臓を除く。まな板に置き、上下の身を切り分けて中骨をはずす。

2 身を冷やすために、トレー2枚の間に保冷剤か氷を入れ、その上にあじの身を皮側を上に並べる。塩をふる。

3 金串の先のほうを火であぶり、赤くなったら、あじに押し当てる c（やけどに注意）。5mm間隔に筋をつける。

4 ひと口大に切り分ける。

5 器にきゅうりのけんを山高に盛る d（写真は芯を枕にして活用）。しその葉を立てかけ、手前にあじを盛る。花穂じそ、紫芽、おろししょうがをあしらう e。土佐じょうゆを添える。

とり肉の梅みそ焼き

梅干しは古代より薬として利用され、戦国時代には保存性と薬効から陣中食として欠かせないものでした。梅みそ味は夏バテにぴったり。和食は季節の体を慮《おもんぱか》ります。

焼きもの

●材料（2人分）

とりもも肉…1枚（200g）

〈梅みそだれ〉

梅干し…1個（正味15g）

みそ…大さじ1

酒…大さじ1

みりん…大さじ½

ごま油…小さじ1

〈前盛り〉

万願寺とうがらし…2本

●作り方（1人分258kcal 塩分2.9g）

1 梅干しは種を除き、果肉を粗みじんに切るa。梅みそだれの材料を合わせる。

2 とり肉は、厚い部分に切りこみを入れ、皮側を竹串やフォークでところどころ刺しておく。梅みそだれをからめて約20分おくb。

3 肉のたれを軽くこそげ（たれはとりおく）、弱火のグリルで焼く（両面グリルなら約12分）。万願寺とうがらしも一緒に焼き、先に焼けたら、とり出す。

4 肉の焼きあがり約3分前に、皮側にたれをのせ、たれに火を通して焼きあげる。

5 肉をひと口大に切り分け、盛りつける。とうがらしも食べやすく切り、手前に添える。

和牛焼き わさびのせ

古来より、肉食は長らく禁忌とされていましたが、明治の文明開化で「滋養」の言葉とともに一気に広まりました。わさびをつけてお箸でどうぞ。

●材料（2人分）

牛ステーキ肉* … 1枚（200g、1.5㎝厚さ）
塩・こしょう … 各少々
にんにく … 小1片（5g）
サラダ油 … 小さじ1 1/2
A
- 酒 … 大さじ1
- しょうゆ … 大さじ1/2

おろしわさび（P.88参照）… 少々
〈添え〉
- とうもろこし（ゆでたもの）… 1/3本
- オクラ … 4本

*焼く30分前ごろから、室温にもどしておく。

●作り方（1人分389kcal 塩分1.0g）

1 とうもろこしは2㎝厚さに切り、さらに半分に切る（かたいので注意）。オクラは塩少々（材料外）でもみ、さっとゆでる。

2 肉に塩、こしょうをふる。にんにくは薄切りにする。Aは合わせる。

3 フライパンに油小さじ1/2を温め、とうもろこしに焼き色をつけてとり出す。

4 油小さじ1をたし、にんにくを弱火で炒める。色づいたらとり出し、その油で肉を焼く。両面を、強火で30秒、中火で約1分ずつ焼く。Aを加えてからめ、とり出す。

5 肉を切り分け、とうもろこし、オクラと盛り合わせ、にんにく、わさびを添える。

夏の精進揚げ

夏に「盛《さか》り」の枝豆やみょうが、
秋の「走り」のさつまいもと、
食卓の季節は移り変わります。
衣にも卵を使わずに、
あっさりと作る精進のかき揚げです。

揚げもの

a

b

c

d

●材料（2人分）

枝豆（さやつき）…80g
みょうが…2個
さつまいも…40g（約5cm太さ）
　小麦粉…大さじ1
揚げ油…適量
〈天ぷら衣〉
　冷水…50mℓ
　＊小麦粉…30g（約大さじ4）
　＊片栗粉…大さじ1/2
　塩…少々
〈抹茶塩〉
　抹茶…小さじ1/8
　塩…小さじ1/4
※天ぷら敷紙…2枚

＊衣の小麦粉と片栗粉の代わりに、天ぷら粉大さじ4でもよい。

●作り方（1人分237kcal　塩分0.8g）

1 枝豆は熱湯に入れて4〜5分ゆでる。さやから豆をとり出し、薄皮をとる。

2 みょうがは縦に薄切りにする。さつまいもは皮つきのまま3〜4mm厚さの輪切りにし、これを細切りにする。

3 衣を作る。ボールに分量の冷水を入れ、小麦粉、片栗粉、塩を合わせてふるいながら加え a、ざっと混ぜる。

4 別のボールに、枝豆、みょうが、さつまいもを合わせ、小麦粉大さじ1をまぶす b。これを衣に入れ c、ざっと混ぜて4つに分ける。

5 揚げ油を中温（約160℃）に熱し、4を平たいへらにのせて、油の縁のほうから入れる d。色よくなったら裏返す。カリッとしたら、とり出す。

6 皿に天ぷら敷紙を敷き、かき揚げを盛りつける。抹茶塩を添える。

すだちそうめん小鉢

香りのつゆで、汁もの代わりにどうぞ。そうめんは鎌倉時代に中国から伝来しました。室町時代には、そうめんを糸になぞらえ、七夕に供えて裁縫上手を祈願しました。

めん

● 材料（4人分）

そうめん…2束（100g）
すだち…3個
〈めんつゆ〉
水…700㎖
昆布…4㎝角（4g）
けずりかつお…10g
A 塩…小さじ3/4
うすくちしょうゆ…大さじ1 1/2
みりん…大さじ1

● 作り方（1人分101㎉　塩分1.7g）

1 めんつゆは、水、昆布、けずりかつおでだしをとり（p.11参照）、Aで調味して、冷やしておく。

2 すだちは薄い輪切りにする a。

3 たっぷりの湯を沸かし、そうめんを表示の時間どおりにゆでる b。冷水にとってもみ洗いし c、さらに氷水にとって、水気をしっかりきる。

4 器にそうめんを盛り、冷たいめんつゆをはり、すだちを浮かべる（すだちは食べてもよい）。

新茶ごはん

日本の茶の文化は禅僧の栄西《ようさい》が中国からもたらしました。ときは経て今や、茶葉を蒸して発酵させない緑の茶は日本だけ。青い香りが貴重です。

● 材料（4人分）

米…1.5合（225g・270㎖）
水…300㎖
煎茶の茶葉（新茶）…大さじ½
塩…小さじ⅙

● 作り方（1人分205㎉　塩分0.2g）

1 米はとぎ、分量の水につけて30分以上おく。ごはんを炊く。
2 茶葉は指で細かくし、塩を混ぜる。
3 炊きたてのごはんに、2を散らして大きく混ぜる。

ごはんもの

たこめし

弥生時代の遺跡から蛸壺《たこつぼ》が見つかっているほど、たこと和食は古くからの縁《えにし》があります。

ごはんもの

● 材料（4人分）

ゆでだこ…150g
米…2合（300g・360㎖）
水…360㎖
昆布…5㎝角（5g）
酒…大さじ1
うすくちしょうゆ…大さじ1
〈天盛りと具〉
新しょうが*…20g

*ひねしょうがなら15g。

● 作り方（1人分311㎉　塩分1.0g）

1 米はとぐ。分量の水につけて昆布を加え、30分以上おく。
2 たこは2〜3㎜厚さの薄切りにする。しょうがはせん切りにする。
3 1に、酒、うすくちしょうゆを加え、たこ、しょうが（少しとりおく）を広げてのせる。ごはんを炊く。
4 炊きあがったら昆布をとり出し、大きく混ぜる。茶碗によそい、とりおいたしょうがを天盛りにする。

秋

七十二候の季節だより——

「禾乃登（こくものすなわちみのる）」

暑さ残る中、重陽の節句、十五夜、
敬老の日、お彼岸と行事が進み、
食卓は秋の収穫でにぎわいます。

「楓蔦黄（もみじつたきばむ）」

紅葉のもと、新嘗祭《にいなめさい》が行われます。

作物を神に捧げて感謝する伝統祭事。

さぁ、新米でごはんを炊きましょう。

ほうれんそうの
朝地あえ
≫p.051

さけの南蛮漬け
≫P.054
秋の野菜の炊き合わせ
≫P.061
菊花どうふのすまし汁
≫P.062
新米ごはん

あえもの

いちじくの胡《ご》麻《ま》クリームかけ

ごまといちじくは相性よし。中国では西域諸国を「胡《こ》」と呼びます。胡麻《ごま》、胡桃《くるみ》、胡瓜《きゅうり》などの文字は遥かシルクロードを彷彿とさせます。

●材料（4人分）

いちじく…4個
青ゆずの皮…½個分
〈ごまクリーム〉
いりごま（白）*…大さじ4（24g）
西京みそ**…小さじ2
うすくちしょうゆ…小さじ1
だし（さめたもの）…大さじ2

*白練りごま（24g）で代用可能。
**淡黄色の甘口みそ。白みそとも呼ばれる。

●作り方（1人分71kcal 塩分0.4g）

1 ごまクリームを作る。小鍋にごまを入れて弱火で軽くいる。すり鉢にあけ、油がにじみ出るまで充分にする（あたりごま）。

2 続いて、みそを加えてすり混ぜ、うすくちしょうゆ、だしを加えてのばす。

3 いちじくは皮をむき、縦4等分に切って盛りつける。ごまクリームをかける。ゆずの皮をすりおろしてふる。

春菊のくるみ酢あえ

春に咲く花が菊のようなので春菊。地中海沿岸が原産といい、日本や中国で食されてきました。和食でのおいしさが知られ、近年はパスタなどにも使われるように。

●材料（2人分）

春菊…100g

〈くるみ酢〉

くるみ（ローストずみ）…20g

みそ…大さじ½

きび砂糖…大さじ½

酢…大さじ1

●作り方（1人分98kcal 塩分0.6g）

1 春菊は、ゆでて水にとる。水気をしぼって、3cm長さに切る。

2 小鍋にくるみを入れ、弱火で軽くいる。粗くきざみ、約¼量をとりおいて、残りはすり鉢に入れ、よくする（5分以上）。

3 油がにじみ出てきてペースト状になったら、みそ、きび砂糖、酢を順に加えてすり混ぜる。春菊をあえる。

4 器に盛りつけ、とりおいたくるみを散らす。

ほうれんそうの朝《あさ》地《じ》あえ

「朝地」は「浅茅」とも書き、切りごまをまぶしたようすを「まばらにはえる茅《ちがや》」のうら寂しさにかけ、秋の風情を託しています。

●材料（2人分）

ほうれんそう…100g

〈ごま衣〉

いりごま（白）…大さじ2（12g）

酒…大さじ½

うすくちしょうゆ…大さじ½

●作り方（1人分52kcal 塩分0.7g）

1 ほうれんそうは、ゆでて水にとる。水気をしぼって、4cm長さに切る。

2 小鍋にごまを入れ、弱火で軽くいる。乾いた晒（さらし）のふきんの上にとり、ふきんでおおいながら粗くきざむ（切りごま）。

3 ごまをボールに入れ、酒、うすくちしょうゆで調味し、ほうれんそうをあえる。

松茸と牛肉の包み焼き

湯気とともに香り立つ。
高級和紙の奉書《ほうしょ》に包んで焼く
「奉書焼き」にちなんだ料理です。
宍道湖《しんじこ》の漁師が藩主に焼き魚を
献上する際、灰がつかないように
工夫したとの由来があります。

材料（2人分）

牛ロース肉（薄切り）…100g
A 酒…小さじ1
しょうゆ…小さじ1
しょうが汁…小さじ1/2
松茸…2本（100g）
たまねぎ…1/4個（50g）
さやえんどう…6枚
塩・こしょう…各少々
※クッキングシート
…25×30cmを2枚
青ゆず（またはすだち）…1個

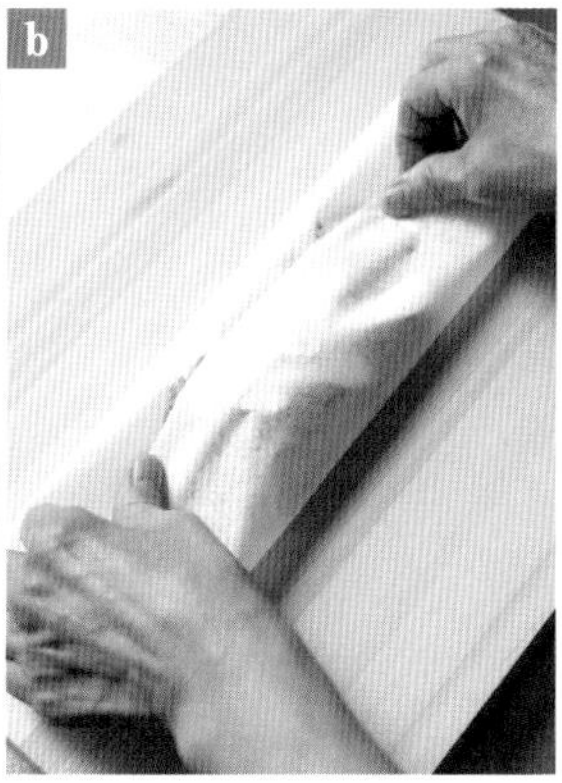

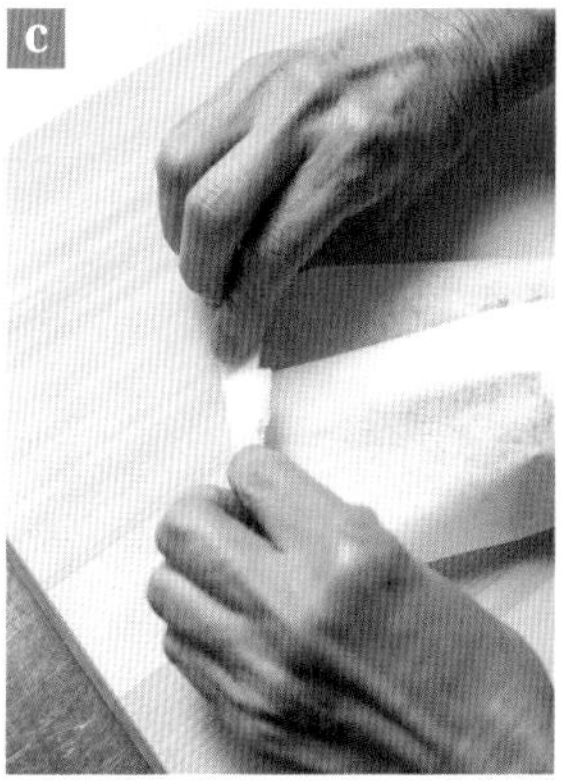

●**作り方**（1人分186kcal 塩分0.8g）

1 牛肉は5〜6cm長さに切り、Aで下味をつける。

2 松茸はかたくしぼったぬれぶきんで軽く汚れをはらう。包丁で石づきをけずりとり、4〜5mm厚さに切る。

3 たまねぎは、繊維を断つ向きで1cm厚さに切る。さやえんどうは筋をとる。具材は2つに分ける。

4 クッキングシート1枚を縦長に置く。シートの中央に、たまねぎを敷いて、その上に肉・松茸・さやえんどうを並べ重ねるa。塩、こしょうをふる。

5 包む（シートの天地を合わせて端を2回折りたたむb。左右の端を上向きに2回折りたたみc、その両角を三角に下へ折りこむ）。2包み作る。

6 200℃（ガスなら190℃）のオーブンで約10分焼く。

7 器に盛りつけ、青ゆずを横半分に切って添える。

さけの南蛮漬け

焼きもの

室町時代後期以降に伝来するポルトガルやスペインの文化の影響は、和食の特色となっています。とうがらしを使ったり、油で揚げたりする異国風料理に、当時は「南蛮」の名をつけました。

●材料(2人分)

生さけ…2切れ(200g)
A 塩…少々
　酒…小さじ1
片栗粉…大さじ1
ねぎ…20cm
まいたけ…1パック(100g)
サラダ油…大さじ1
〈つけ汁〉
みりん…大さじ2
酢…大さじ1½
しょうゆ…大さじ1½
赤とうがらし(小口切り)…½本
〈前盛り〉
ぎんなん(水煮)…6個
※松葉…2葉

●作り方(1人分268kcal 塩分1.7g)

1 生さけは1切れを2、3つに切る。Aをふって5分おく。

2 ねぎは4〜5cm長さに切り、まいたけは小分けにする。

3 大きめのボールにつけ汁を合わせる。

4 さけの汁気をふき、片栗粉をまぶす。

5 フライパンに油大さじ½を中火で温め、ぎんなんをさっと焼いてとり出す。次に2を焼いてとり出し、つけ汁につける。油大さじ½をたし、さけの両面を中火で焼き、つけ汁に加える(すぐに食べられ、つけおきもきく。冷蔵で約2日保存可能)。

6 器に盛りつけ、ぎんなん*を添え、つけ汁をかける。

*ここでは「松葉ぎんなん」。細い竹串で穴を開けて松葉を刺したもの。殻つきのぎんなんは殻を割り、少量の湯でゆでながら、おたまでころがすと薄皮がむける。

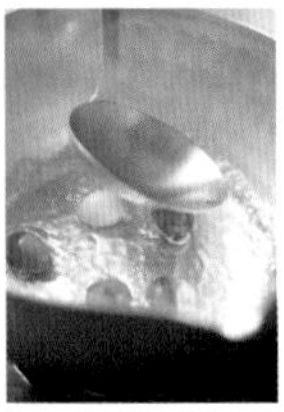

揚げもの

なすの田楽《でんがく》

とろけるなすが絶品です。平安時代、田の神を崇めて踊る田楽法師は、竹馬状の棒に乗ってはねたとか。竹串に刺すとうふ田楽のルーツです。

●**材料（2人分）**

米なす（または丸なす）…1個（300g）

揚げ油…適量

けしの実*…小さじ1/6

〈みそだれ〉

赤みそ**…大さじ1 1/2

砂糖…大さじ1

みりん…大さじ1

だし…大さじ1

* ポピーシードとして売っている。いりごまでもよい。

** 仙台みそなどの「赤系辛口みそ」がよく合う。

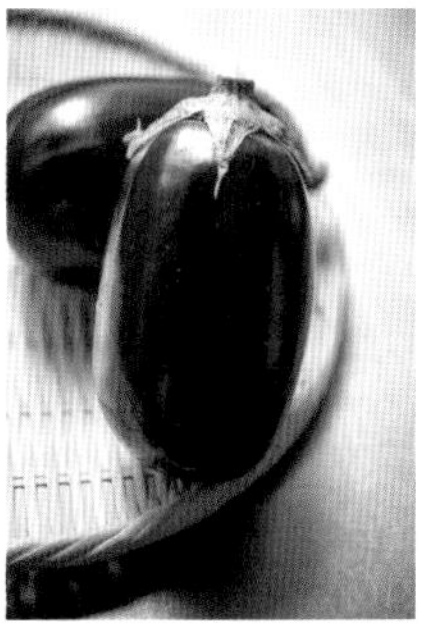

●**作り方（1人分175kcal 塩分1.6g）**

1 小鍋にみそだれを合わせ、中火にかけて練り混ぜる。鍋底にへらの跡が一瞬つく程度にとろりとすればよい。

2 なすは両端を平らに切り落とす。皮をしま目にむく。横半分に切る。

3 両面の切り口を竹串でところどころ刺しておく（火通りをよくする）。

4 揚げ油を中温（160℃）に熱し、なすを入れる。火を弱め、5〜6分かけてじっくり揚げる（油はね注意）。箸ではさんでへこむようになったら、油をきってとり出す。

5 器に盛りつけ、切り口一面にみそだれをのせ、けしの実をふる。

かますの幽《ゆう》庵《あん》焼き

魚や肉をしょうゆやみりんにつけて焼く料理が幽庵焼き。ゆずなどの柑橘《かんきつ》を加えることも多く、柚庵焼きとも。江戸時代の茶人であり美食家、北村幽庵（祐庵）の創案といわれます。

●材料（2人分）

かます…2尾（400g）
塩…小さじ1/4
〈幽庵地〉
- しょうゆ…大さじ2
- みりん…大さじ1
- 酒…大さじ1

〈前盛り〉
- はじかみしょうが（P.57参照）…2本
- 青ゆず…1/8切れを2個

●作り方（1人分211kcal　塩分2.8g）

1 かますはうろこをとり、頭と尾を切り落とす。内臓を壺抜き*にして洗うa。身を4つの筒切りにするb。塩をふって5分おくc。

*割り箸2本を、内臓をはさむように切り口から差しこみ、回しながら引いてとり出す。

2 バットに幽庵地を合わせる。かますの水気をふいてつけ、10分ほどおくd（途中で上下を返す）。

3 かますの汁気をきり（幽庵地はとりおく）、中火のグリルで焼く（両面グリルなら7〜8分）。

4 焼けたら、表側に幽庵地の汁を刷毛で塗りe、グリルに戻してさっとあぶって乾かす。

5 器に盛りつけて、はじかみ、青ゆずを添える。

はじかみしょうがの作り方

夏に出回る葉（芽）しょうがや新しょうがは、甘酢漬け（酢どりしょうが）にしておくと重宝します。茎がついたものは「はじかみ」とも呼びます。

●材料（作りやすい分量）

葉しょうが*…6〜7本（100g）

〈甘酢〉

酢…150ml　砂糖…大さじ1½

塩…小さじ⅙

*新しょうがなら100gを使い、薄切りにして作る。

●作り方（全量で49kcal　塩分0.4g）

1 しょうがは根元の表面の汚れをこそげとり、茎は約10cm長さに切りそろえる。

2 甘酢の調味料をよく混ぜ、保存容器や背の高い保存びんなどに入れる。

3 たっぷりの湯で1をゆで、ひと煮立ちしたら、水気をきって、熱いうちに甘酢につける（冷蔵で約2か月保存可能）。

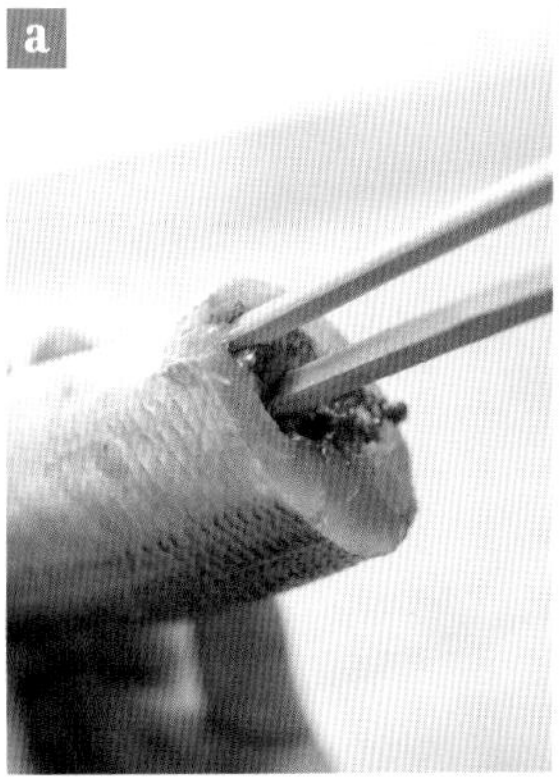

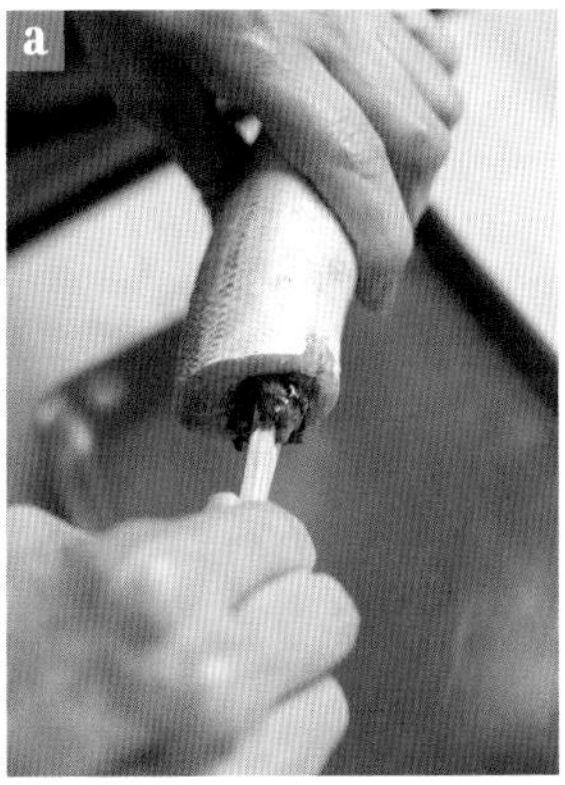

さばの白みそ煮

辛口みそでよく作られますが、
西京みそもまったりして美味。
しょうゆが生まれる以前は、
みそが調味によく
使われていました。
自家製の「手前みそ」を使い、
自慢にしたよう。

● 材料（2人分）

さば … 2切れ（200g）

〈煮汁〉

酒 … 100㎖

水 … 100㎖

みりん … 大さじ1

うすくちしょうゆ … 大さじ½

酢 … 小さじ1

西京みそ* … 大さじ2

〈天盛りほか〉

しょうが … 大1かけ（15g）

ねぎ（緑の部分）… 10㎝

*淡黄色の甘口みそ。白みそとも呼ばれる。

● 作り方（1人分285kcal 塩分1.8g）

1 しょうがは、10gをすりおろして汁をしぼり、5gはせん切りにする。ねぎは5㎝長さのせん切りにする。せん切りは、それぞれ水にさっとさらす。

2 さばの皮側に切り目を入れる。熱湯をかけて霜降りにする a。

3 鍋に煮汁を煮立て、さばを入れる。再び沸いてきたら中火にし、スプーンで汁をかけてから b、落としぶたをのせ、7〜8分煮る。

4 煮汁が約半量になったら、みそを煮汁少々で溶いて鍋に入れる c。煮汁をかけながら2〜3分煮る。しょうが汁を加えて火を止める。

5 器に盛りつけて、煮汁をかける。ねぎとしょうがを天盛りにする。

a

b

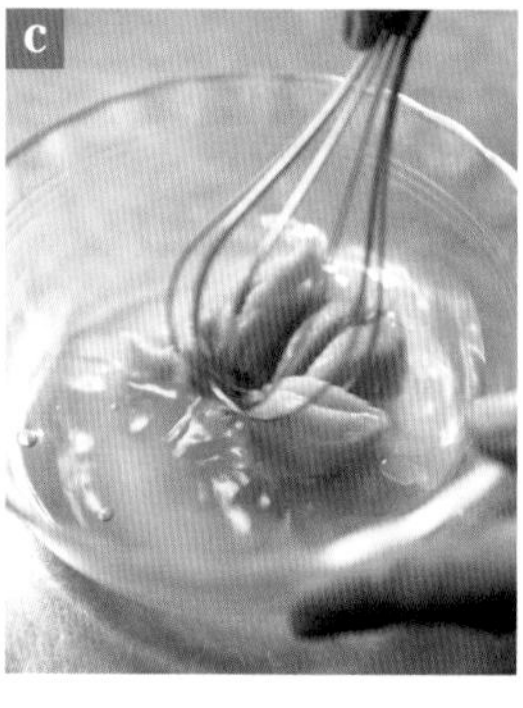
c

c

さんまの有馬煮《ありま》

実山椒《みざんしょう》入りの料理には、産地である兵庫県〝有馬《ありま》〟の名がつきます。木の芽にはない、舌にしびれる熟《う》んだ味が美味です。器は山椒の実がはじけたようすを表す〝割山椒《わりざんしょう》〟。

煮もの

●材料（4人分）

さんま…2尾（300g）
実山椒の佃煮《つくだに》…小さじ1½（6g）
〈煮汁〉
水…100㎖
きび砂糖…大さじ1
みりん…大さじ1
しょうゆ…大さじ1½
酒…大さじ2

●作り方（1人分167kcal　塩分1.1g）

1 さんまは頭を切り落とし、内臓の端を包丁の刃先で押さえ、身を尾のほうへ引いて内臓を抜く。腹に菜箸1本を差し入れ、よく洗う。

2 水気をふき、約3㎝長さの筒切りにする。

3 底が広めの鍋に煮汁を入れて火にかける。沸騰したら、さんまをひと並べに入れる。実山椒を加える。スプーンで煮汁をかけて落としぶたをのせ、時々煮汁をかけながら、中火で約10分煮る。汁気が少なくなったら火を止める（冷蔵で2〜3日保存可能）。

さつまいもの蜜煮

煮もの

さつまいもと砂糖は江戸時代以降の日本で普及しました。
ちなみに、和食の献立では、さつまいもを
薩摩《さつま》藩の家紋にちなみ「丸十《まるじゅう》」と書くことがあります。

● 材料（2人分）

さつまいも（直径約4㎝）
…3㎝長さを
2切れ（120g）
くちなしの実…1個
〈蜜〉
水…300㎖
グラニュー糖…90g
レモン汁…大さじ½

a

b

● 作り方（1人分178kcal 塩分0.0g）

1 ゆでるときに、いもがかぶるくらいの水を鍋に用意する（材料外）。くちなしの実 a をはさみで半分に切って入れ、30分以上つけておく。

2 切ったさつまいもは、水に10分ほどさらしてアクを抜く（途中水をかえる）。

3 1の鍋にいもを入れ、ふたをして火にかける。煮立ったら中火にして15分ほどやわらかくゆでる b。とり出し、湯を捨てる。

4 鍋に、蜜用の水、グラニュー糖を入れ、ひと煮立ちさせる。ゆでたいもを加えて弱火で約5分煮、レモン汁を加えて火を止める。

5 蜜につけたまままさまして味を含ませる。

秋の野菜の炊き合わせ

ねっとりとしたさといも、シャクシャクとしたれんこん。懐石料理で華とされるのは「煮もの」といわれるとおり、旬の素材と紅葉の仕上げで、ひと鉢の中に秋を表現できます。

●材料（2人分）

さといも
…4個（200g）
れんこん…80g
にんじん…3cm（30g）
※抜き型（もみじ）
さやいんげん…4本
〈煮汁〉
だし…300mℓ
砂糖…大さじ1/4
みりん…大さじ1
塩…小さじ1/6
うすくちしょうゆ
…小さじ1

●作り方（1人分97kcal 塩分0.9g）

1 さといもは皮をむき、半分に切る。塩少々（材料外）をふってもむ。そのまま沸騰した湯に入れ、ひと煮立ちしたらざるにあけ、流水でぬめりをとる。

2 れんこんは皮をむき、7～8mm厚さの半月切りにする。水にさっとさらし、ざるにとる。

3 にんじんは4枚の輪切りにし、もみじ型で抜く。いんげんは、かためにゆで、4～5cm長さに切る。

4 鍋に、煮汁とさといも、れんこんを入れ、火にかける。ふたをずらしてのせ、煮立ったら弱めの中火にし、12分ほど煮る。

5 続いて、にんじんを加えて約5分煮る。最後にいんげんを加えて温める。

6 器に具材をバランスよく盛り合わせ、汁をはる。

菊花どうふのすまし汁

椀に咲く菊はまさに秋。
食べる人を考えて作る
和食の心と、
調理の技を見ます。
また、椀を持って食べる
という和食作法は、
手を熱くしない
漆器があればこそ。

● **材料（2人分）**

とうふ（絹ごし）＊…1/4丁（75g）
黄菊（ゆでたもの・p.63参照）…1/2個分（正味5g）
三つ葉…2本
〈吸い地〉
水…400㎖
昆布…3cm角（3g）
けずりかつお…4g
A 塩…小さじ1/4
うすくちしょうゆ…小さじ1/2

＊充填《じゅうてん》どうふだとくずれやすいため、表示を確認して購入する。

● **作り方（1人分26kcal 塩分1.1g）**

1 吸い地用の、水、昆布、けずりかつおでだしをとり（p.11参照）、Aで調味する。

2 三つ葉は、茎に菜箸をころがしてやわらかくし、茎を軽く結んで椀に入れておく。

3 とうふは半分（約3cm角）に切る。まな板に置き、手前と奥に割り箸を当ててストッパーにし、格子状に細かく切りこみを入れる a（菊花切り）。

4 吸い地を温める。3をアクとりなどにのせ、静かにだし汁に沈めて温め b、椀によそう c。吸い地をはり d、菊を飾る。

a

b

c

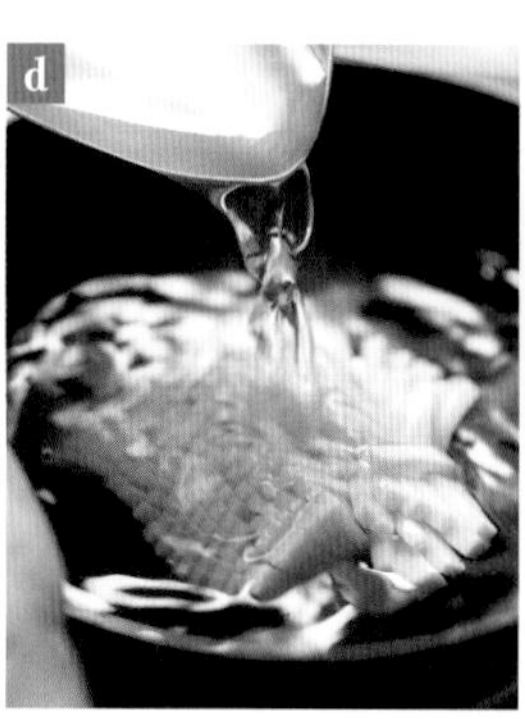
d

菊ごはん

ごはんもの

重陽《ちょうよう》の節句には、本家中国でも日本でも、菊を愛《め》でて息災長寿を願いました。家族で集まり、ごはんを食べながら、話題にしてみては。

●材料(2人分)

温かいごはん…150g
黄菊(ゆでたもの・左欄参照)…2個分(正味20g)
酢…大さじ1/2
みりん…小さじ2
※もっそう型*

●作り方(1人分138kcal 塩分0.0g)

1 もっそう型は、水につけておく。
2 酢とみりんを合わせ、ゆでた菊を5分つける。
3 菊の汁気をしぼり、温かいごはんにさっくりと混ぜる。
4 まな板にもっそう型をのせてごはんを詰め、上から軽く押さえる。型をはずす。

*和食で使う押し枠。1つ1食分。扇やひょうたんなど形がいろいろあり、材質は木製やステンレス製など。

菊の花のゆで方

1 菊の花びらを摘んで洗う(花芯の近くは残す)。
2 湯を沸かして酢を加え、花びらをゆでる(水200mℓに対して酢小さじ1の割合)。ひと煮立ちしたら水にとり、水気をしぼる。

まとめてゆでて小分けにし、冷凍しておけます。酢のものや吸い口に。

蒸しもの

松茸の土瓶蒸し

「香り松茸」ですから、香りを逃がすことなく調理するのがなによりのポイント。松茸は『万葉集』にも登場し、貴族も武士も食べています。昔から秋の珍味でした。

●材料（2人分）

- 松茸…2本（100g）
- えび（無頭）…2尾（40g）
- とりささみ…1本（50g）
- 片栗粉…小さじ1
- A
  - 湯…200mℓ
  - 塩…少々
  - 酒…小さじ1
- 三つ葉…2本
- ぎんなん（水煮）…4個
- すだち…1個
- 〈吸い地〉
  - 水…500mℓ
  - 昆布…3cm角（3g）
  - けずりかつお…10g
  - うすくちしょうゆ…大さじ½
  - 塩…小さじ⅙

●作り方（1人分74kcal 塩分1.5g）

1 吸い地用の、水、昆布、けずりかつおでだしをとり（P.11参照）、うすくちしょうゆ、塩で調味する。

2 松茸はかたくしぼったぬれぶきんで汚れをはらい、石づきを包丁でけずりとる。食べやすい長さに切り、2つ～4つに手で裂く。

3 三つ葉は葉を摘み、茎は2cm長さに切る。

4 えびは殻と背わたをとる。ささみは4つにそぎ切りにする。それぞれに片栗粉をまぶす。鍋にAの湯を沸かし、塩、酒を加える。えび、ささみを順にさっとゆで、水気をきる a。

5 ふたつきの器に、4、松茸、三つ葉の茎、ぎんなんを入れる。吸い地をはって、ふたをする。

6 蒸気が立った蒸し器にかける b。強火で15分蒸す。

7 器をとり出し、三つ葉の葉を加えてふたを戻し、すだちを横半分に切って添える。

a

b

食べ方

ちょこに汁をそそぎ、香りを楽しむ。好みですだちをしぼる。ちょこをとり皿代わりにし、具をとって食べる。

さといもの赤だし

椀種は端正な六角いもひとつ、
椀妻《わんづま》のねぎ、
吸い口のゆずと七味、
三位一体で創る姿と味です。
さといもは、
稲作が広まる以前から、
焼き畑で作られた栽培作物。

● 材料(2人分)

さといも*…小2個(100g)
塩…少々
だし…300ml
赤だしみそ**…大さじ1
酒…小さじ1
ねぎ(白い部分)…10cm
〈吸い口〉
青ゆずのしぼり汁…少々
七味とうがらし(写真は黒七味)…少々

* 卵形の形のよいもの。
** 豆みそに、米みそ、調味料などを配合した調合みそのこと。

● 作り方(1人分51kcal 塩分1.0g)

1 さといもは天地を平らに切り落とす。六方《ろっぽう》むき*にする a。底になる面に浅い十文字の隠し包丁を入れる。いもを塩でもみ、水で洗う。

*六角形になるように側面をむく。「1面むいたら向かいの面」とむいていくと整う。

2 鍋に、だしとさといもを入れ、落としぶたをし、ふたはずらしてのせる。中火で7~8分煮る。

3 ねぎは縦半分に切り、斜め薄切りにする。別鍋でさっとゆでる。

4 いもがやわらかく煮えたら椀にとり出す b。鍋のだしに、みそを溶き入れ、酒を加える。煮立つ寸前に火を止める。

5 椀に汁をはり、いもの上にねぎをのせる。ゆずを少々しぼり、七味をふる。

a
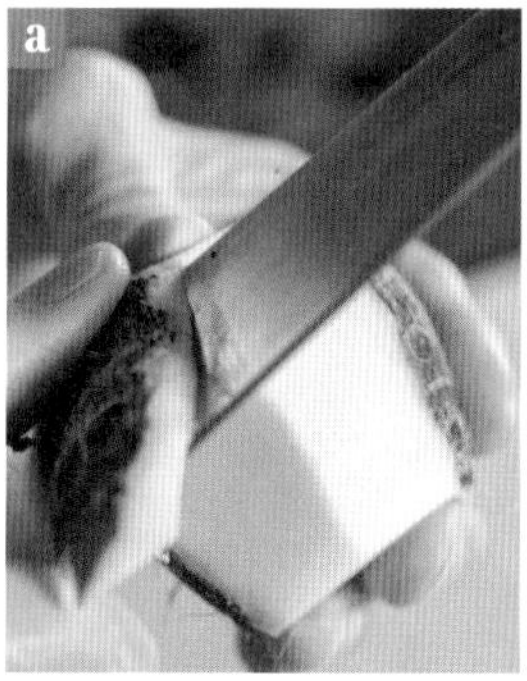

a
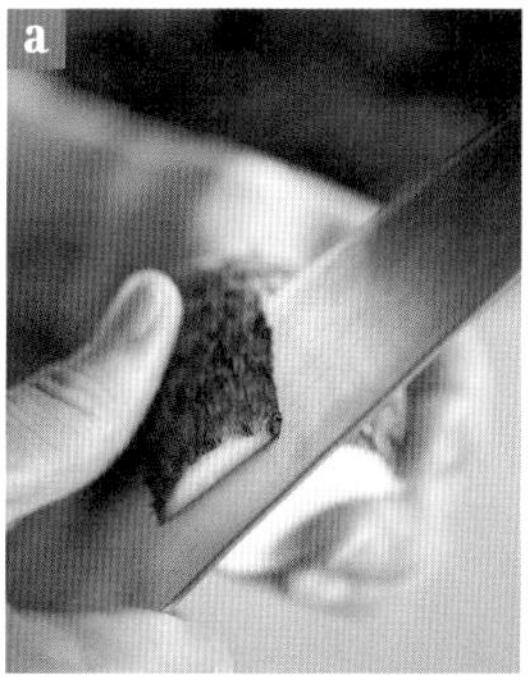

b
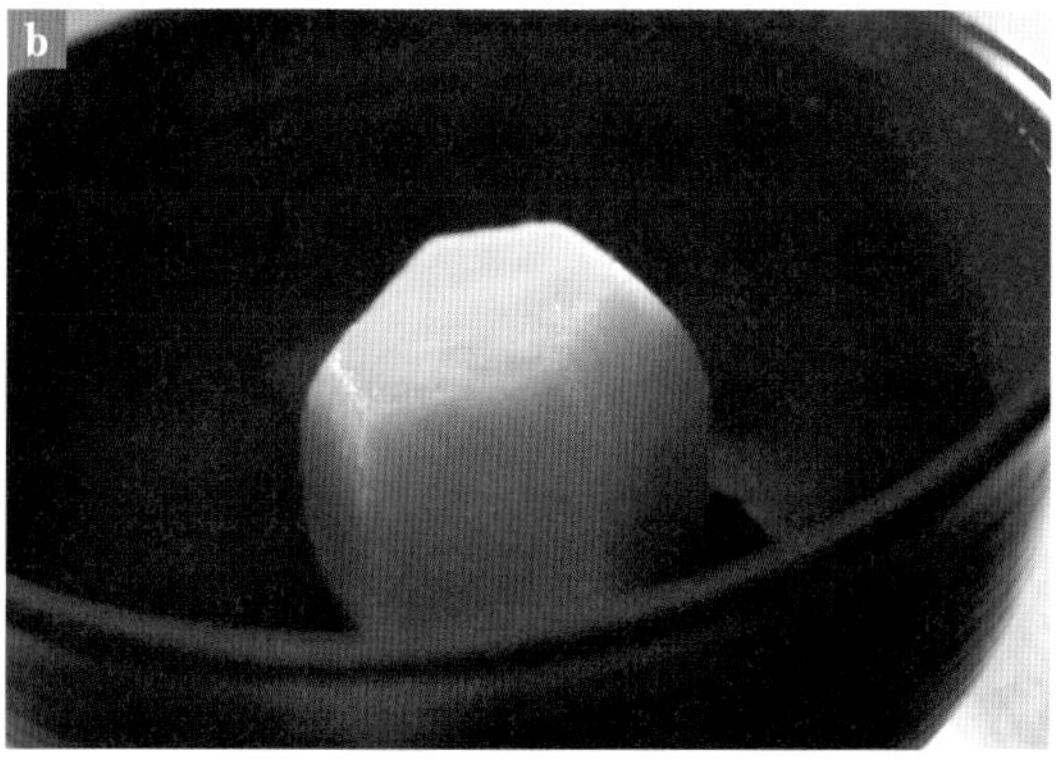

ぶりの塩焼き
≫P.072
いり大豆ごはん
≫P.081
茶碗蒸し
≫P.082

冬

七十二候の季節だより――

「鱖魚群（さけのうおむらがる）」
冬の食卓は鮭《さけ》、鰤《ぶり》など魚が充実。
かぼちゃを食べ、ゆず湯につかる冬至。
クリスマスもあって忙しい日本の師走《しわす》。
それでも、年が明けてゆったりと
雑煮と餅とおせち料理で祝うお正月。
みんな仲良くと睦月《むつき》に願い、過ごします。
やがて「黄鶯睍睆（うぐいすなく）」。

小松菜のかにあん

冬のおひたしは、あんかけにして温もりを。器も温めておきたいお菜《さい》です。露地《ろじ》の青ものは、霜にあたると味が濃くなっておいしくなります。

●材料（2人分）

小松菜…100g

〈ひたし地〉

だし…100㎖

みりん…小さじ1

うすくちしょうゆ…小さじ1

〈かにあん〉

かに（むき身）…35g

A

だし…200㎖

みりん…小さじ1

うすくちしょうゆ…小さじ1

塩…小さじ1/6

B

片栗粉…大さじ1/2

水…大さじ1

〈天盛り〉

しょうが（すりおろす）…1かけ（10g）

●作り方（1人分44kcal　塩分1.6g）

1 ひたし地のだし100㎖は、みりん、うすくちしょうゆで調味し、さましておく。

2 小松菜をゆでて水にとり、水気をしぼって3～4㎝長さに切る。ひたし地につけて20分ほどおく a。

3 鍋にAを温め、かにの身をほぐして加える。Bの水溶き片栗粉でとろみをつける。

4 小松菜の汁気をきって器に盛りつける。3のかにあんをかけて、しょうがを天盛りにする。

a

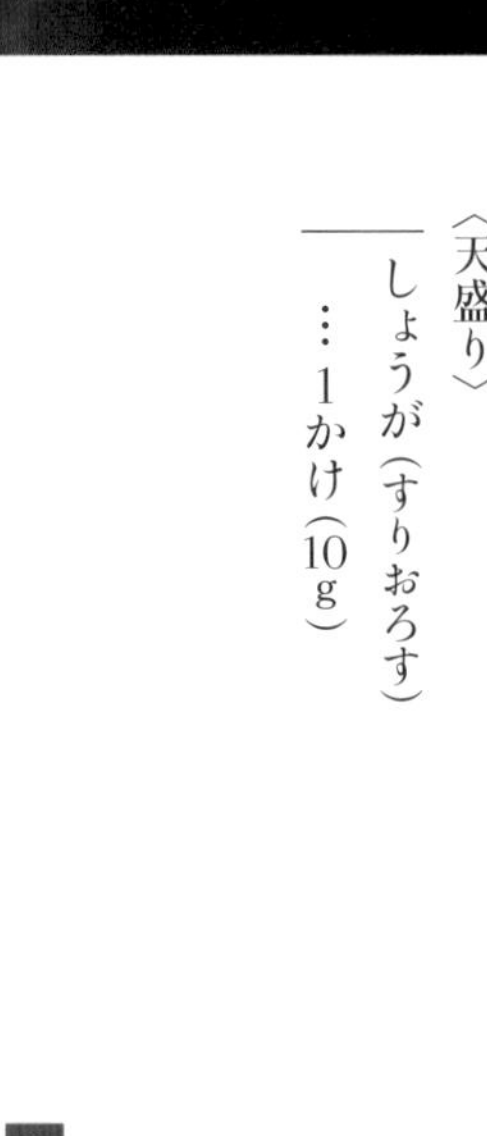

百合根《ゆりね》の梅あえ

文字どおり百合の花の球根にあたります。
ほくっとした食感がもち味。
滋養強壮薬としても古くから食されてきました。
秋の収穫後に寝かせ、
甘味が充実する冬が食べごろ。

●材料（2人分）

百合根…1個（100g）
梅干し…大1個（20g）
砂糖…小さじ2
酒…大さじ½

●作り方（1人分75kcal 塩分1.8g）

1 百合根の根元に切りこみを入れながら、鱗片《りんぺん》を1枚ずつていねいにはがす a。洗って、汚れた部分があれば、けずりとる。

2 熱湯で1〜2分ゆでる。鱗片の周囲が透き通るようになったら、ざるにあける b。

3 梅干しの種を除き、果肉を包丁で細かくたたく。梅肉、砂糖、酒を混ぜ、百合根をあえる。

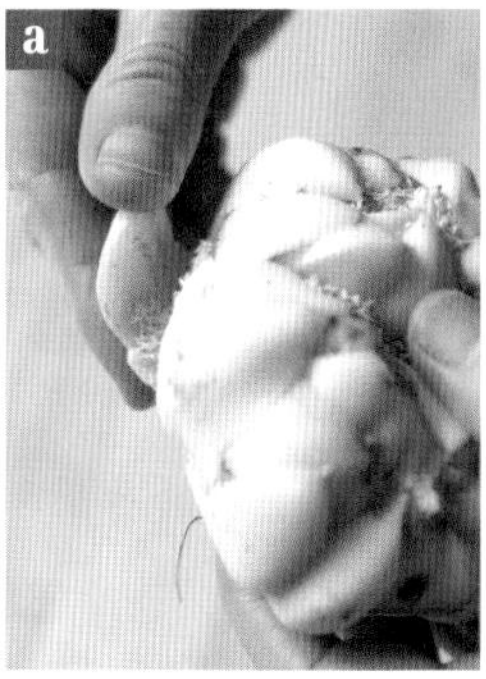
a

b

あえもの

鴨《かも》のつけ焼き

肉の中でも鴨肉は火を通しすぎるとかたくなりやすく、ロゼ色に焼くのが目標。鴨は縄文時代の貝塚に出土し、雁《がん》とともに、よく食べられてきた鳥です。

焼きもの

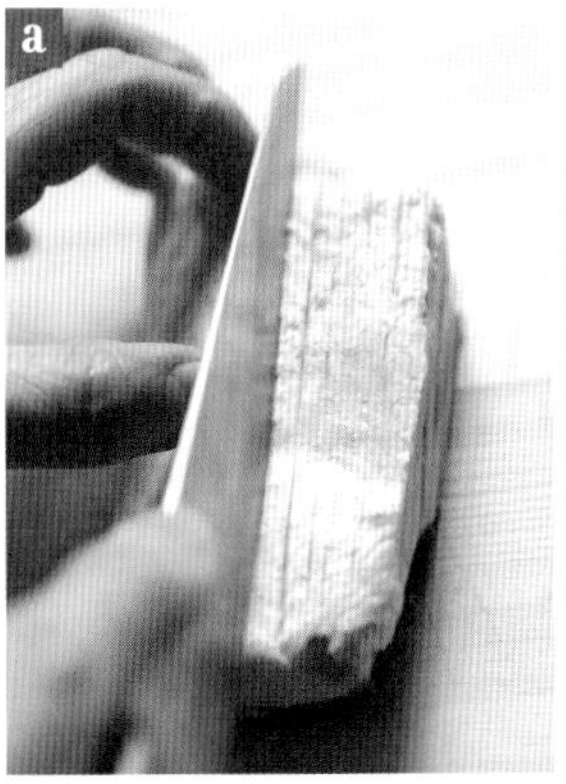

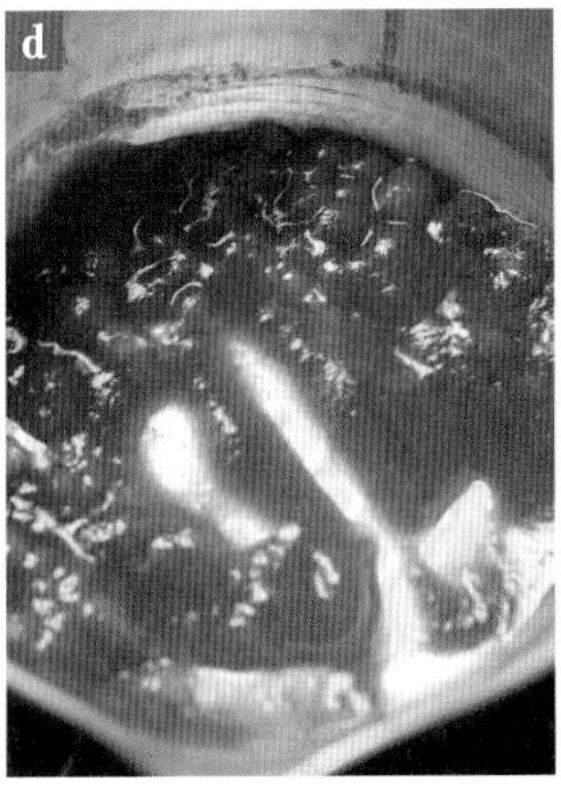

●材料（2人分）

合鴨むね肉*（かたまり）…200g

〈みそだれ〉
赤みそ**…大さじ1
きび砂糖…大さじ1
酒…大さじ1
みりん…大さじ½

〈前盛り〉
ねぎ（白い部分）…1本

※竹串…2本（水につけておく）

＊少し凍らせるか半解凍の状態にしておく。
＊＊仙台みそなどの「赤系辛口みそ」がよく合う。

●作り方（1人分397kcal 塩分1.3g）

1 鴨肉の皮に、縦方向の切り目を入れる a。切り目は、皮の厚さの⅔深さ、3～4㎜間隔に（肉が冷えてかたいほうが切りやすい）。

2 みそだれをよく混ぜ、肉にまんべんなくつける b。30分以上おく。

3 ねぎは4～5㎝長さに6切れとる。焼く直前に、ねぎを3切れずつ竹串に刺し、サラダ油少々（材料外）を塗る。

4 肉のたれをこそげとる（たれはとりおく）。

5 肉とねぎの串を、弱火のグリルで焼く c（両面グリルなら約5分）。ねぎは焼けたら、先にとり出す。

6 焼けた肉は、あら熱をとってから7～8㎜厚さに切る。小鍋で4のみそだれをひと煮立ちさせる d。

7 器に肉を盛りつけ、ねぎを添えて、たれをかける e。

ぶりの塩焼き

焼きもの

脂がのった冬の〝寒ぶり〟は塩焼きが絶品。ぶりは成長とともに名が変わる出世魚で、富山以西の地方では、正月に欠かせないといわれる縁起のよい魚です。

●材料（2人分）

ぶり…2切れ（200g）
塩…小さじ1/2
酒…大さじ1/2
〈前盛り・菊花かぶ〉
かぶ…小1個（80g）
A 砂糖…大さじ1
酢…大さじ2
塩…小さじ1/6
赤とうがらし（小口切り）…1/4本

●作り方（1人分279kcal 塩分1.8g）

1 ぶりに塩と酒をふり、15分ほどおく。

2 ぶりの汁気をふき、強めの中火のグリルで焼く（両面グリルなら6〜7分）。

3 盛りつける。手前に菊花かぶを添え、赤とうがらしを花芯に見立てて飾る。

菊花かぶの作り方

1 かぶは皮をむき、上から厚みの3/4まで、縦横に細かく切りこみを入れる（菊花切り。割り箸を置くとストッパーになる）。裏面に浅い十文字の隠し包丁を入れる。

2 かぶをたて塩（水200㎖+塩大さじ1/2・材料外）に10分以上つける。

3 かぶがしんなりしたら裏面の切れ目から2つか4つに分け、水気を軽くしぼる。Aを合わせてかぶを30分以上つける（冷蔵で約3日保存可能）。

焼きだいこん

江戸時代中期以降にはやった「百珍本」と呼ばれる一連の料理本の中に『大根一式料理秘密箱』があります。揚げ出し大根、早煮風呂ふきなど、楽しい名前がずらり。

●材料（2人分）

- だいこん…250g
- 昆布…2cm角（2g）
- オリーブ油…小さじ1

〈たれ〉
- しょうゆ…大さじ1
- 酒…大さじ1
- みりん…小さじ1

〈天盛り〉
- だいこんの葉茎…50g
- 湯…400mℓ
- 塩…小さじ½
- 七味とうがらし…少々

●作り方（1人分58kcal 塩分1.3g）

1 だいこんは3cm厚さの輪切り2切れにし、皮を厚めにむく。切り口の角を面とりし、底になる面に浅い十文字の隠し包丁を入れる。

2 鍋に、だいこん、昆布、かぶるくらいの水（材料外）を入れる。落としぶたと、きせぶたをして弱めの中火にかける。やわらかくなるまで約30分ゆでる a。

3 だいこんの葉茎は、分量の湯に塩を加え、ふたはしないで、弱めの中火で7〜8分やわらかくゆでる。水にとってしぼり、細かくきざむ。

4 たれを合わせる。フライパンにオリーブ油を温め、強めの火でだいこんの両面に焼き色をつける b。たれを加えてからめる c。

5 器に盛り、3をのせ、七味をふる。

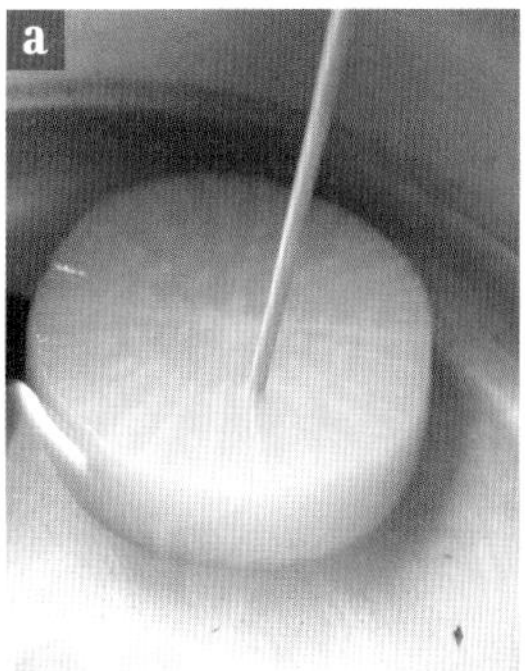

かれいの煮つけ

煮魚は特に白身魚をおいしく味わえる料理。「尾頭《おかしら》つき」を扱う機会も減る昨今、「左平目《ひらめ》に右鰈《かれい》」などという言葉とともに、残したい和食の知識です。

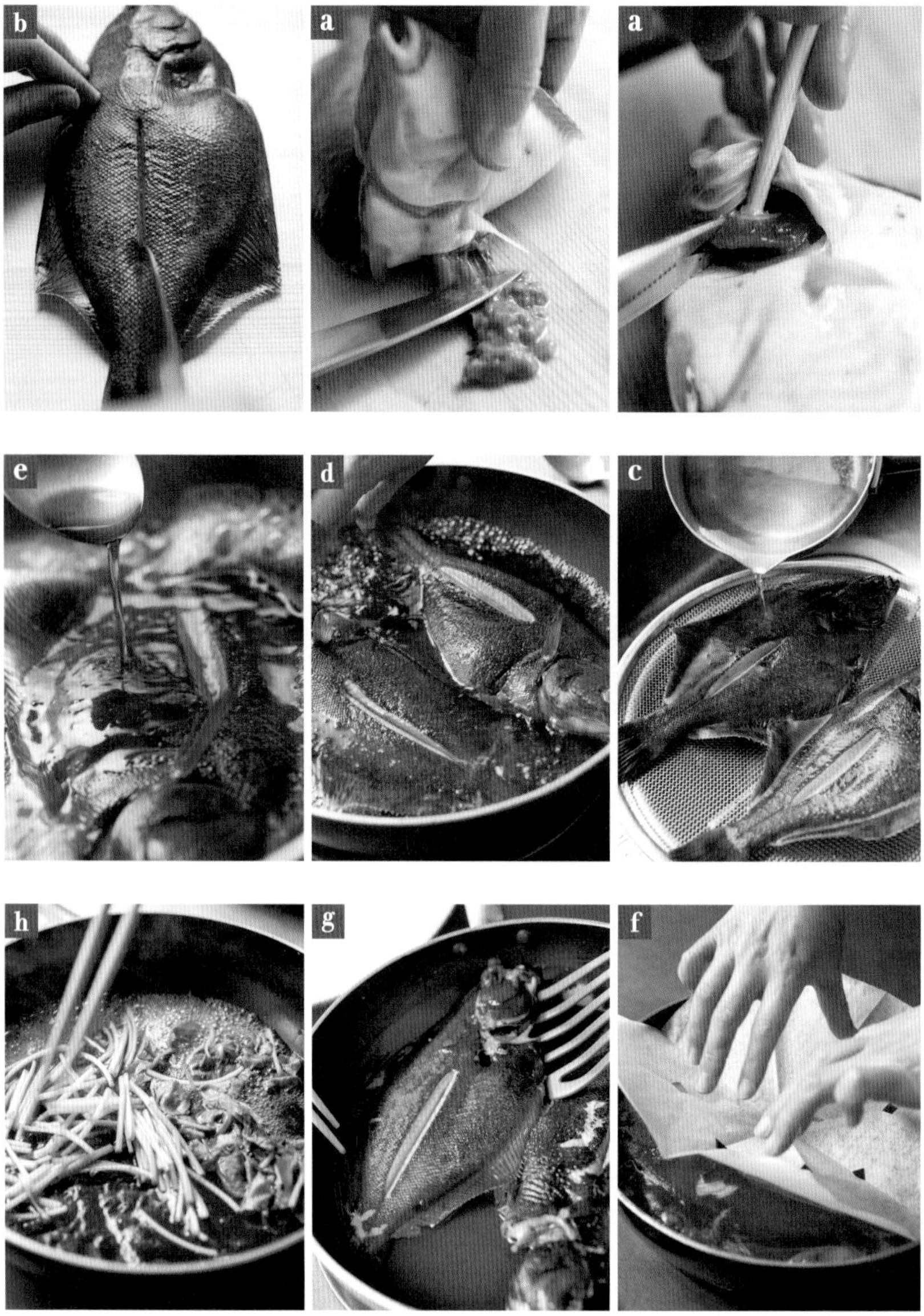

●材料（2人分）

かれい…2尾（300g）

〈煮汁〉
- 酒…100㎖
- 水…150㎖
- きび砂糖…大さじ1
- みりん…大さじ1 1/2
- しょうゆ…大さじ1 1/2

〈前盛り〉
根三つ葉…80g

●作り方（1人分121kcal 塩分1.6g）

1 かれいは全体のうろこをこそげ、えらと内臓をとる a。洗い、水気をふく。盛りつけで表になる側に切り目を1本入れる b。

2 ざるにのせ、熱湯をかけて霜降りにする c。

3 底の広い鍋に煮汁を煮立て、かれいを入れる d。再び煮立ったら、アクをとり、煮汁をかけ e、クッキングシートの落としぶたをのせる f（鍋からはみ出ないよう注意）。中火で約10分煮る（途中で時々、煮汁をかける）。

4 根三つ葉は5㎝長さに切る。

5 かれいは、頭を右にして盛りつける g。煮汁で根三つ葉をさっと煮て h、魚の手前に添える。煮汁をかける。

の和食

煮もの

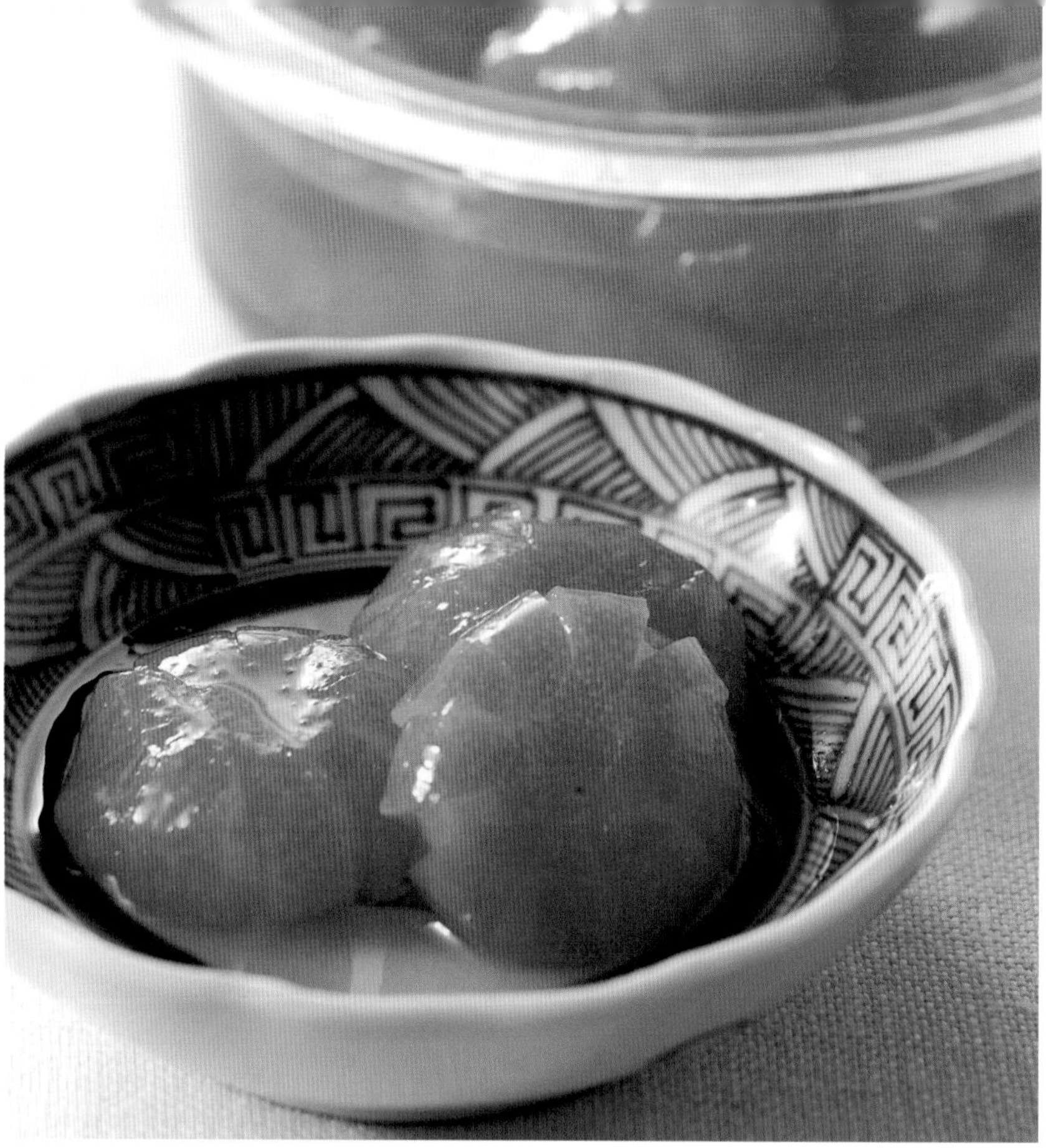

きんかんの甘露煮

箸休めとして、おせちとして、きんかん湯にしてと使えます。
きんかんが中国から渡来したのは古代にまでさかのぼります。

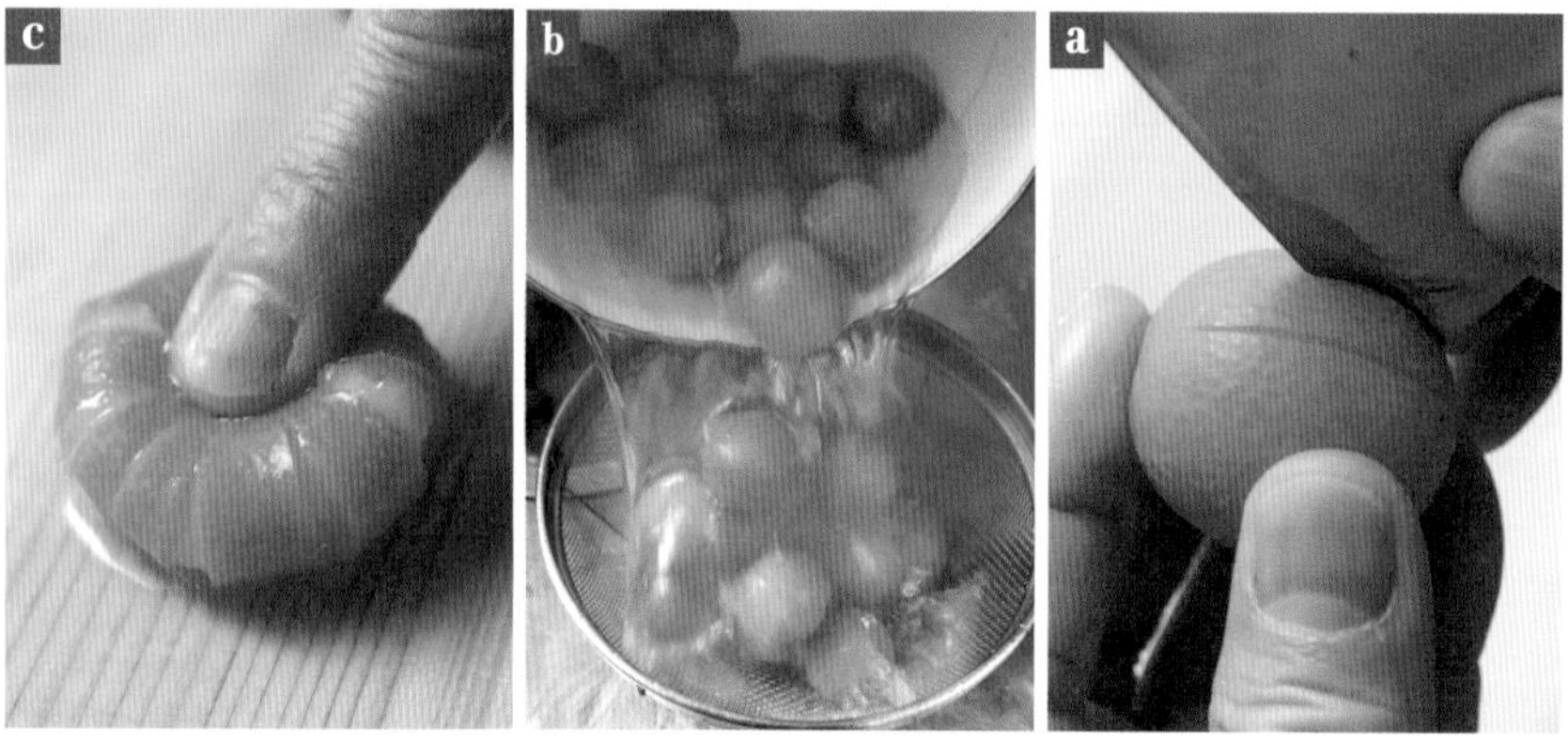

煮もの

● 材料（作りやすい分量）

きんかん…300g
水…200㎖
砂糖…200g
しょうゆ…少々

● 作り方（全量で738kcal　塩分0.1g）

1 きんかんのへたをとる。5〜6㎜間隔に縦の浅い切りこみを一周入れるa。

2 たっぷりの湯で2〜3分ゆで、ざるにあけるb。あら熱がとれたら、上下を軽くつぶして、切れ目から竹串で種を除く。好みで、さらにつぶして扁平の形にするc。

3 ホウロウやステンレスの鍋に、分量の水ときんかんを入れ、ふたをして火にかける。煮立ったら弱火にし、10分煮る。

4 続いて、半量の砂糖を加え、さらに10分煮る。残りの砂糖を加えて10分煮る。

5 火を止め、しょうゆをたらしてひと混ぜし、そのまままます（冷蔵で約1か月保存可能）。

八頭《やつがしら》の含め煮

親いもと子いもがかたまりになるようすを
末広がりの「八」にかけて八頭。粘りとほくほく感が身上。
最近は、おせち用に年末に限り
店頭に並ぶようです。残していきたい和食材です。

●材料（2人分）

八頭…200g
だし…200㎖
みりん…大さじ2
うすくちしょうゆ…小さじ1
ゆずの皮…1/4個分

●作り方（1人分111kcal 塩分0.6g）

1 八頭は皮を厚めにむき、3〜4cm角に切る。塩少々（材料外）をふってもみ、洗ってぬめりをとる。

2 鍋に、だし、みりん、八頭を入れ、ふたをして火にかける。煮立ったら弱火にし、10分ほど煮て、うすくちしょうゆを加え、汁気が少なくなるまで煮る **a**。

3 盛りつける。ゆずの皮をすりおろして、ふりかける **b**（ふりゆず）。

かきの土手鍋

広島の郷土料理。名前のいわれは、行商人の土手長吉が考えたなど諸説あります。かきは縄文時代の貝塚に殻が見られ、江戸時代にはすでに養殖が始まっていました。

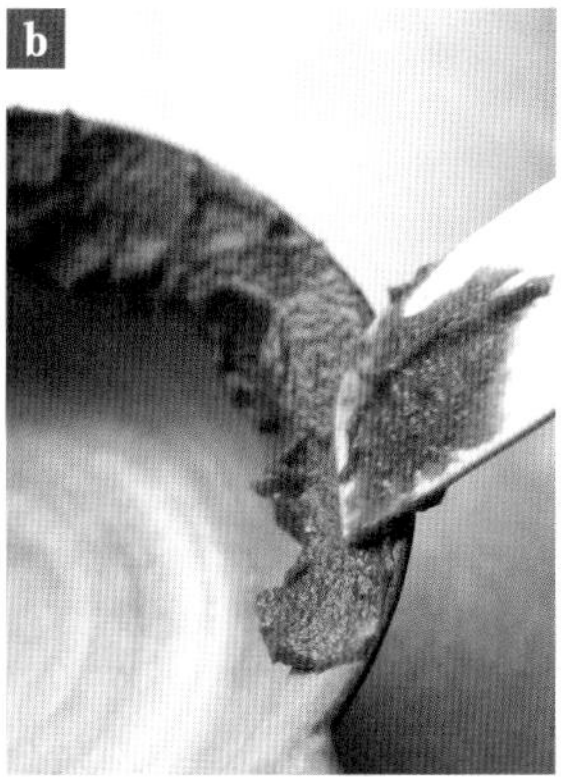

●材料（3人分）

かき（加熱用）…12粒（200g）
焼きどうふ…1丁（300g）
ねぎ…1本
せり…1束（100g）
しめじ…1パック（100g）
*だし…300ml
〈合わせみそ〉
**赤みそ…75g
**みそ…25g
砂糖…小さじ2
みりん…大さじ1
酒…大さじ1

*煮つまったとき用に、少し多めに用意しておくとよい。

**「赤みそ」「みそ」はそれぞれ、仙台みそ、信州みそなど。合わせると味わいが深まるが、辛口のみそ1種でもよい。

●作り方（1人分200kcal 塩分3.4g）

1 かきは塩水（水200mlに対して塩小さじ1の割合・材料外）で洗い a、真水ですすいで水気をよくきる。

2 焼きどうふは、ひと口大に切る。ねぎは1cm幅の斜め切りにする。せりは4～5cm長さに切る。しめじは小房に分ける。

3 合わせみその材料を順に混ぜ、土鍋のふちに塗りつける b。

4 土鍋に、だし、ねぎ、しめじ、焼きどうふを入れて弱めの中火にかける。火が通ってきたら、かき、せりを加えて c 煮る。好みの加減で、みそを汁に溶き入れながら食べる。

※締めは、残った煮汁でうどんを煮るとおいしい。

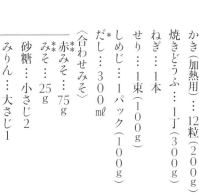

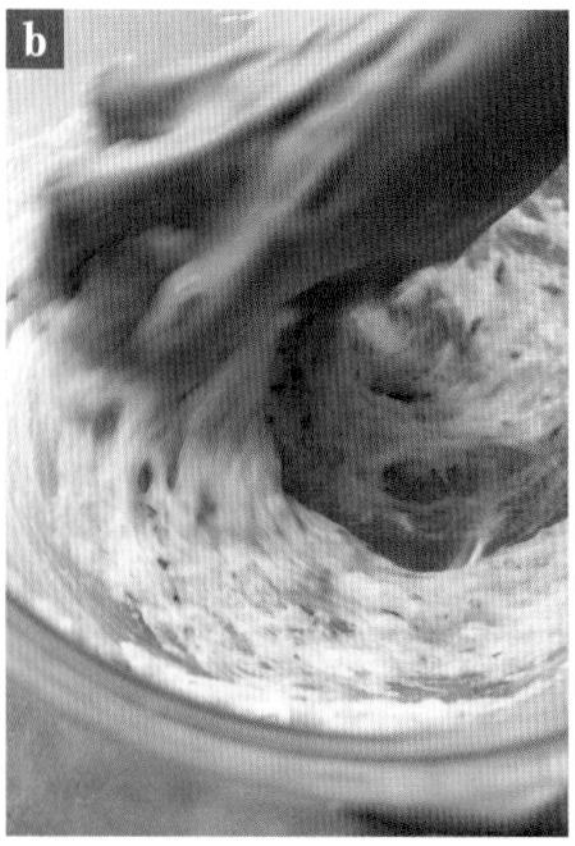

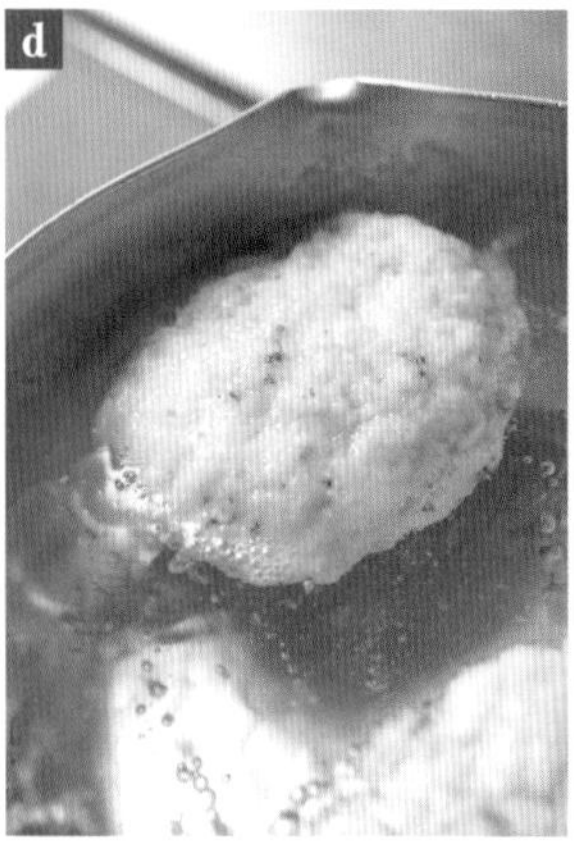

えびの真《しん》薯《じょ》椀

白身魚やえびのすり身に、やまいもと卵白などを混ぜた練りものが真薯です。「薯」はやまいものこと。真薯は、江戸時代の高級料理店「八百善」の献立集にも登場。

●材料（2人分）

〈吸い地〉
水…500㎖
昆布…5㎝角（5g）
A 塩…小さじ1/6
酒…小さじ1
うすくちしょうゆ…小さじ1

〈真薯〉
えび（ブラックタイガー・無頭）*…100g
B 酒…大さじ1
塩…少々
やまといも（いちょういも等）**…20g
卵白…1/2個分
酒…小さじ1/2
塩…少々

〈吸い口〉
ゆずの皮（P.81参照）…2切れ

*赤みが出るためブラックタイガーを使用。
**粘り気が強い"大和いも"を使う。または粉末のやまのいも約5gを水でといて使う。

●作り方（1人分61kcal 塩分1.9g）

1 吸い地用の、水、昆布でだしをとる（P.11参照）。

2 真薯を作る。
❶えびは殻と背わたをとる。Bをふってよくもみ、洗って水気をきる。細かく切り、さらに包丁でよくたたいて練る a。ボールに入れる。
❷やまといもをすりおろして❶に加え、卵白、酒、塩も加えて、ねばりが出るまで混ぜる b。
❸鍋にたっぷりの湯を沸かす。水でぬらしたおたまとゴムべらで、❷を半量ずつとって形作り、湯に入れる c。浮きあがってからさらに約1分ゆでる d。

3 1のだしに真薯を入れてひと煮立ちさせる。Aで調味する。椀によそい、ゆずの皮をあしらう。

松葉ゆずの作り方

小さな技が料理を引き立て、人を喜ばせます。

［折れ松葉］

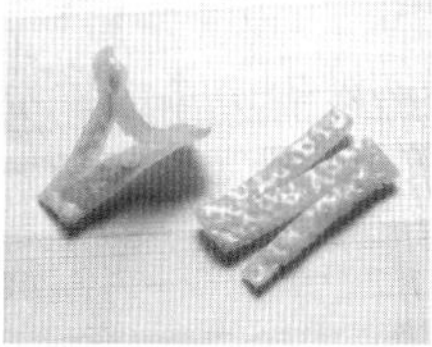

1 ゆずの皮を薄くむき、長方形に切る。

2 短辺を3等分する位置に、互い違いに切り目を2本入れる。

3 端と端を交差して組む。

［松葉］

幅狭い長方形に切り、短辺の中央に切り目を深く入れて、1対の松葉に見立てる。

いり大豆ごはん

いり大豆はうま味があり、しいたけなどと同様に精進だしに使える素材です。豆は「魔滅《まめ》」に通じるために、無病息災を願う豆まきが行われます。

●材料（4人分）

米…2合（300g・360㎖）
水…400㎖
いり大豆…30g
しょうゆ…大さじ½
酒…大さじ1
塩…小さじ⅙

●作り方（1人分304kcal 塩分0.6g）

1 米はといで、分量の水につけて30分以上おく。

2 しょうゆ、酒、塩を合わせ、いり大豆をつけて15分ほどおく。

3 1に、2をつけ汁ごとを加えa、ごはんを炊く。

a

ごはんもの

蒸しもの

茶碗蒸し

江戸時代、長崎の唐《とう》人《じん》屋敷で出されていた卓袱《しっぽく》料理のひとつが茶碗蒸しの元とか。ちなみに卓袱料理は円卓で大皿からとり分けるスタイル。茶の間の卓《ちゃ》袱《ぶ》台《だい》の語源ともいわれます。

●材料（2人分）

卵…2個

〈だし汁〉

水…400㎖

昆布…2cm角（2g）

けずりかつお…4g

A 塩…小さじ$\frac{1}{4}$

みりん…小さじ$\frac{1}{2}$

うすくちしょうゆ…小さじ$\frac{1}{2}$

〈具〉

干ししいたけ…大1個（4g）

B しいたけのもどし汁…50㎖

みりん…小さじ2

しょうゆ…小さじ1

えび（無頭）…2尾（40g）

C 塩…少々

酒…小さじ$\frac{1}{2}$

ぎんなん（水煮）…2個

三つ葉…2本

●作り方（1人分128kcal 塩分2.1g）

1 干ししいたけは水100㎖（材料外）につけてもどす。

2 だし汁用の、水、昆布、けずりかつおでだし300㎖をとり（P.11参照）、Aで調味する。さます。

3 しいたけは4つのそぎ切りにする。鍋にBと合わせ、中火で7〜8分、汁気がほぼなくなるまで煮る a。

4 えびは殻と背わたをとり、Cで下味をつける。

5 三つ葉は葉を摘み、茎は2cm長さに切る。

6 卵をほぐし、だし汁を混ぜ、1度こす。

7 器2個に、しいたけ、えび、ぎんなん、三つ葉の茎を入れる b。6をそそぐ。

8 蒸気の立った蒸し器にかける c。強火で約3分蒸し、表面が白っぽくなったら、弱火にして約13分蒸す。火を止めて1分蒸らす。三つ葉の葉をのせる。

はりはり漬け

はりはりと歯ぎれよい。乾物も漬けものも古くからある郷土の保存食です。乾燥や発酵によって、食材の味と栄養が高まることを、昔の人はすでに知っていたのでしょうか。

漬けもの

●材料（作りやすい分量）

- 切り干しだいこん…30g
- にんじん…20g
- きざみ昆布…5g
- 黄ゆず…1/2個
- 〈漬け汁〉
  - 砂糖…大さじ1
  - ゆずのしぼり汁＋酢…大さじ3
  - しょうゆ…大さじ1
- 塩…少々

●作り方（全量で163kcal　塩分3.8g）

1 切り干しだいこんは、水をはったボールの中でもみ洗いし、水気をしぼって3cm長さに切る。にんじんも3cm長さのせん切りにする。一緒に熱湯でさっとゆで、ざるにとる。

2 ゆずは汁をしぼり、皮はせん切りにする。ボールに漬け汁を合わせ、皮も加える。

3 きざみ昆布は、はさみで3cm長さに切る。1の水気をしぼる。全部を漬け汁であえる a。1時間以上おいて味を含ませる（冷蔵で約3日保存可能）。

a

乾物のだしを使う

干ししいたけや切り干しだいこんをもどした汁は、うま味成分が多く、だしとして使えます。昆布だしなどの「精進だし」にあたります。無駄なし精神も垣間見える知恵です。

ふだんの煮ものや汁ものを作るときに、かつおだしにこれらを合わせて使うと、うま味はさらに深まります。「うま味の相乗効果」と呼ばれる現象です。

和食の盛りつけ

刺身を例に

和食は、食べやすさを考えながら、彩りや形を美しく盛りつけます。刺身を例に見ましょう。

刺身は自然の味を大切にする和食の真骨頂。生魚は昔から食べられていますが、「刺身」が登場するのは室町時代ごろ。魚をさばく包丁技は武士の教養のひとつだったといわれます。

鯛（細づくり）、花穂じそ、生青のり、わさび

杉盛り

文字どおり、すくっと立ち上がる杉の木のように、円錐形に盛りつけます。すっきりと清楚な印象。

細づくりの刺身や、あえものなど、和食ではよく杉盛りにします。高さは器とのバランスで。浅皿なら頂点が少し出る、深鉢なら垣間見えるくらい。夏は冬よりも背を高くすると、涼やかな印象です。無理に形を作らず、自然に盛ることが大切。

春菊のくるみ酢あえ（p.51）

重ね盛り

器の底から料理を順々に積み重ねる盛り方。形や大きさが違うものを、角度や向きを調整して寄せかけ、山高に重ねるのが特徴です。

　切り身の焼き魚にもよく用います。刺身は、角度をつけたり間隔をあけたりしてふんわりと。安定感とさりげなさがポイントです。

かますの幽庵焼き（p.56）

まぐろ（平づくり）、だいこん、ぼうふう、わさび

寄せ盛り

数種の素材を寄せて盛る方法。それぞれの役割を考えて、バランスよく合わせます。

　右写真では、メインのかんぱちを右奥に多めに置き、左手前にいかを小ぶりに従え、間に鯛を置いています。手前から箸でとりやすいように盛りつけます。

かんぱち（平づくり）、いか（鳴門づくり）、鯛（そぎづくり）、だいこん、みょうが、紫芽、しその葉、わさび

秋の野菜の炊き合わせ（p.61）

刺身をつくる

刺身のおいしさは、
味もさることながら
その食感。
本来なら、日本独特の
片刃の包丁で
スパッと切れば、
切り口はなめらかで
舌ざわりも抜群です。

平づくり

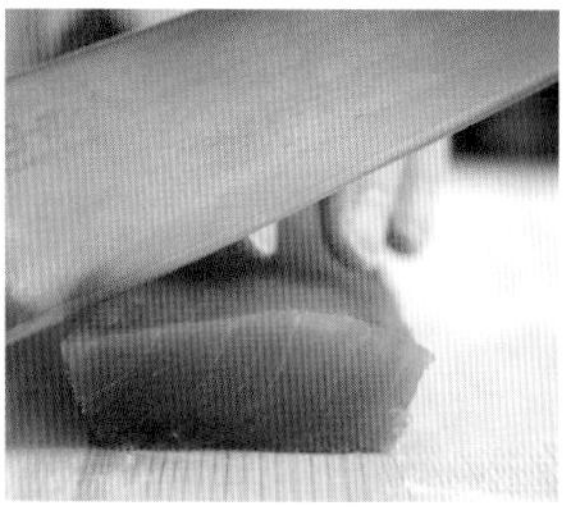

刃元から入れ、まっすぐ手前に引いて切り終え、右に送る。

そぎづくり

身の厚いほうを向こうにして置き、包丁を寝かせてひと引きする。細づくりは、切り身をさらに縦半分にする。

鳴《なる》門《と》づくり

身の外側に縦の切り目を均等に入れ、しその葉を巻く。端から引いて切る。

刺身のおいしさは食感にあり。家で、買ってきた「さく」を両刃の万能包丁で切るときは、よく研いだ包丁で切りましょう。なめらかな切り口の刺身の味は格段に違います。コツはもちろん「ひと引きで」。刃元から刃先へと、一気に引き抜きます。

さて、刺身のルーツをひもとくと原型は古代からある「なます」。生の魚や肉を、酢などであえて食べたものです。それが、生ものを切って盛りつけ、つけ汁につけて食べる料理になります。刺身という言葉は室町時代後期にできたようです。当時の『四条流包丁書』には、刺身の魚の種類に合う調味料が書かれ、江戸時代初期の料理書『料理物語』には、刺身に向く魚が挙げられています。

刺身は、しょうゆやわさびなどと口の中で合わせたときにおいしく感じます。外国料理の多くは充分に味つけされているのに対し、つけ汁や薬味で食べる刺身や天ぷら、ごはんとおかずに至るまで、和食は「口中調味」といわれる食べ方が独特です。

あしらいをつくる

料理に添え、味や香り、彩りを引き立てるものを「あしらい」と呼びます。刺身では「つま」とも。「あしらう」の古語にはもてなしの意味があります。ひと手間加えて、もてなす心が表れます。

（つくり方は次のページ）

刺身のあしらいは広くは「つま（妻）」と呼ぶ。中でも、鋭く細長くしたものは「けん（剣）」とも呼ぶ。だいこんのけんは刺身の横に立つように盛ったり（横づま）、下に敷いたり（敷きづま）する。

あしらいのつくり方

みょうがけん

芯を除き、せん切りにしたあと水にさらす。

だいこんけん
（かつらむき・せん切り）

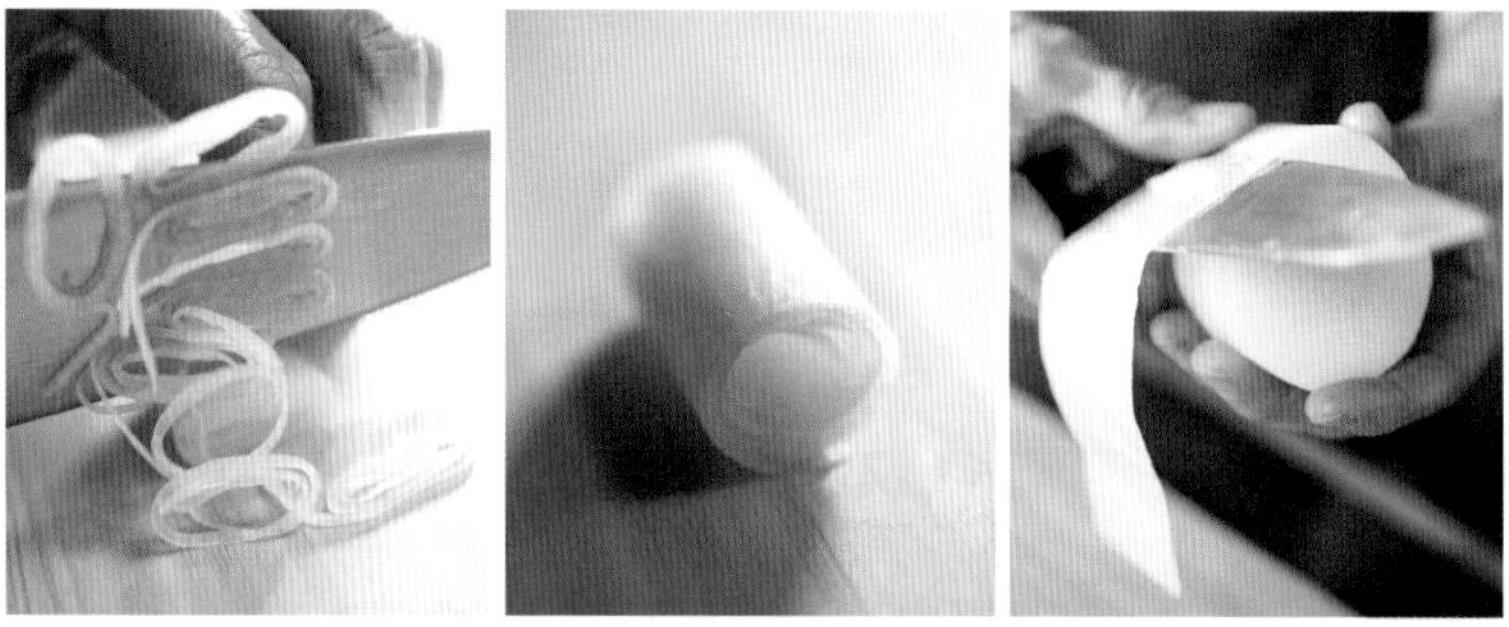

かつらむき＝皮をむく要領で帯状にむき、これをせん切りに。切ったあとは水にさらす。

よりうど

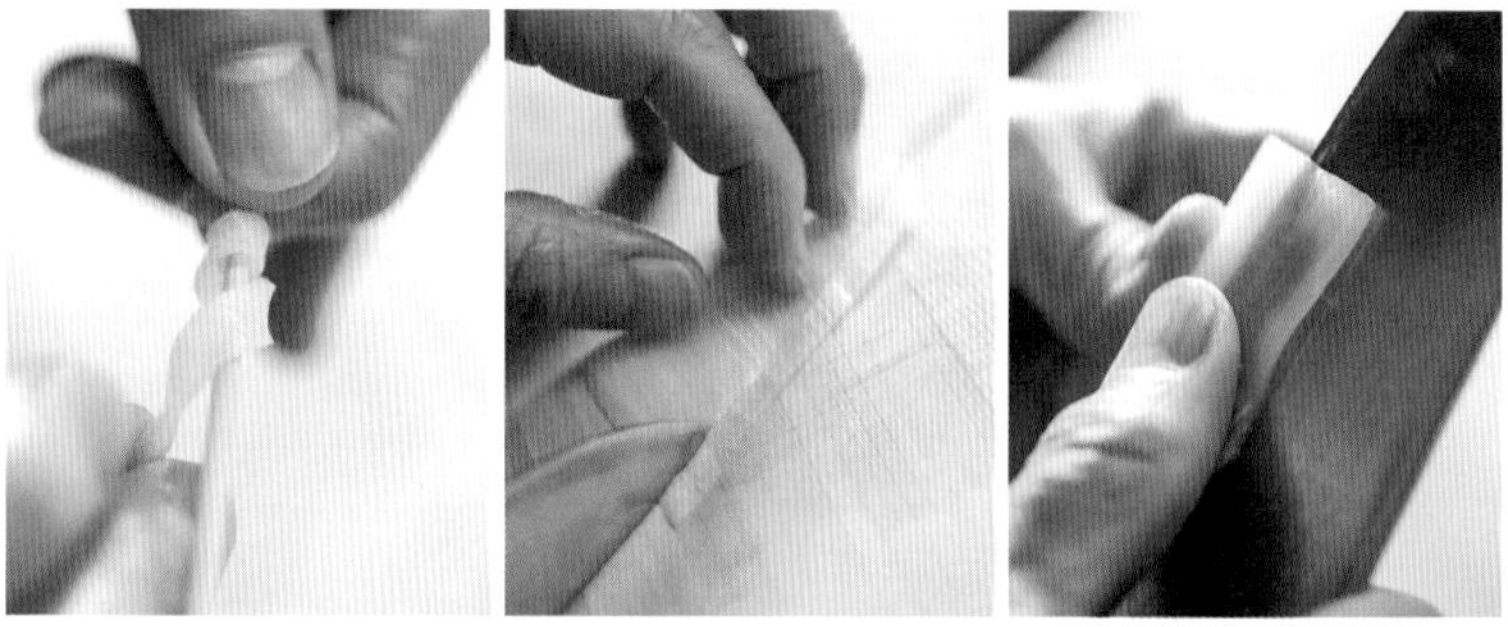

うどのかつらむきを斜めに細く切って水につけ、箸に斜めに巻きつけて〝よる〟ようにねじり、水にさらす。

わさび
（おろしわさび）

茎のほうから、鉛筆をけずる要領で皮をけずり、目の細かいおろし器でおろす。写真はわさび用の「鮫皮《さめがわ》おろし」。わさびが残ったら、しめらせたペーパータオルで包み、密閉容器で冷蔵保存する。

錨《いかり》ぼうふう

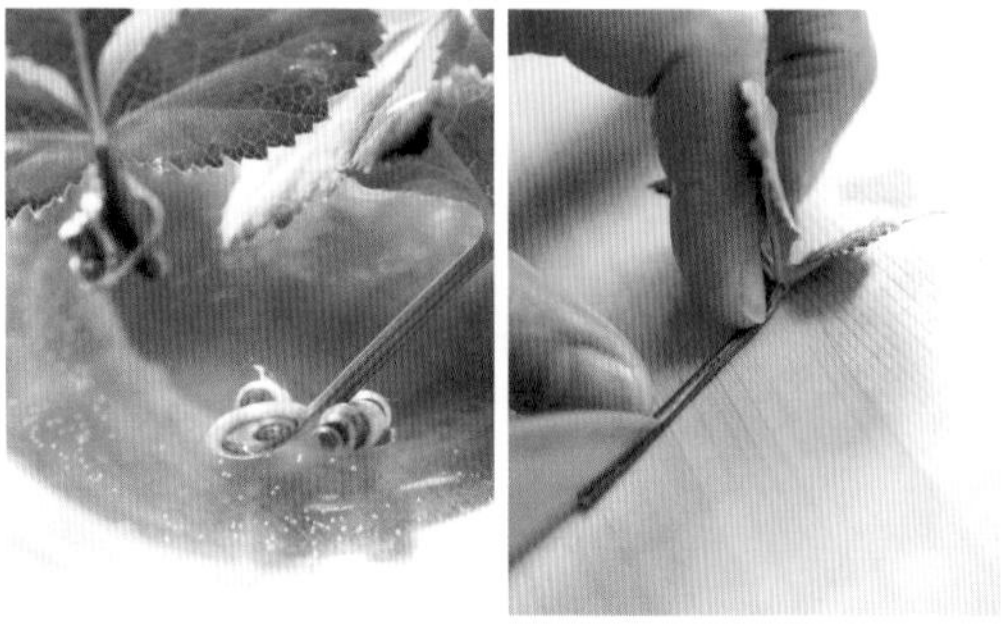

ぼうふうの茎を十文字に裂くように切りこみを入れ、水にさらすと錨のようになる。

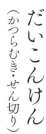

和食の創作

すし

すしの原型は、東南アジア由来の魚の保存食。日本の古代のすしは「なれずし」と呼ばれ、魚を塩と飯《めし》とで漬けて発酵させ、魚を食べるものです。今も琵琶湖周辺に残る「ふなずし」はそれ。発酵で酸っぱくなるから「酸《す》し」といわれます。

平安時代の法令集『延喜式《えんぎしき》』には、貢納品《こうのうひん》に郷土のすしがたくさん並んでいます。室町時代ごろになると、発酵が浅いうちに、魚と飯を一緒に食べる「生《なま》なれずし」が広がります。

時は下って江戸時代中期。もっと早く食べたいと、ごはんや魚に酢をかけて、数時間から2日程度で食べられる「早ずし」が出現。当時流行した料理本のひとつ『名飯部類《めいはんぶるい》』には、押しずし、巻きずし、ちらしずしなどが列挙されています。

そして、握ってすぐ食べられる「にぎりずし」が江戸の町で大ヒット。江戸は単身男性がとても多く、外食が盛んでした。屋台のすしはファストフード的に食べられていたそうです。

発酵食品に始まって多様に変化してきた日本のすし。今や世界中の人に愛されています。

すしめし

ごはんに
すし酢を打つ

早ずしが栄えた江戸時代には、
具やごはんに酢を合わせて、
劣化を防ぎつつ、
すしの味を高めました。
今日、すし店では
ごはんをシャリと呼びます。
白いごはんが高級だったころに、
米は仏舎利のごとく貴重なもの
という意味がこめられた
と考えられています。

a

b

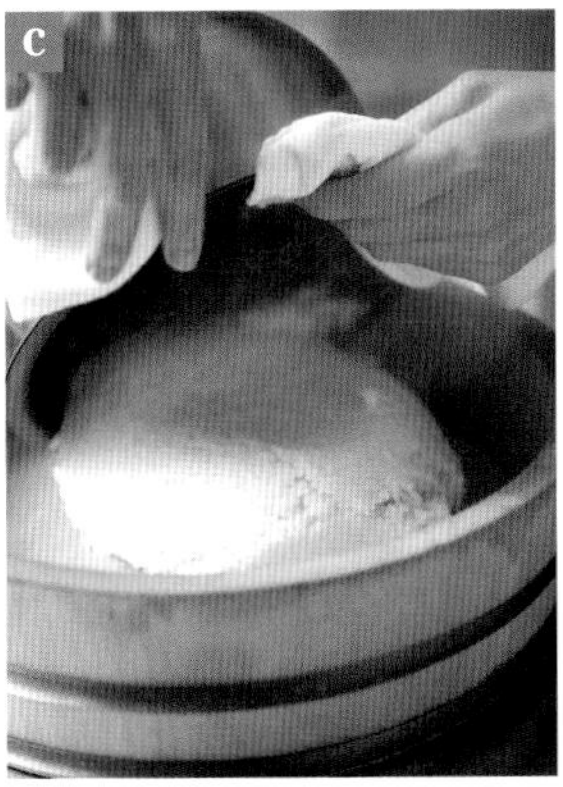

c

d

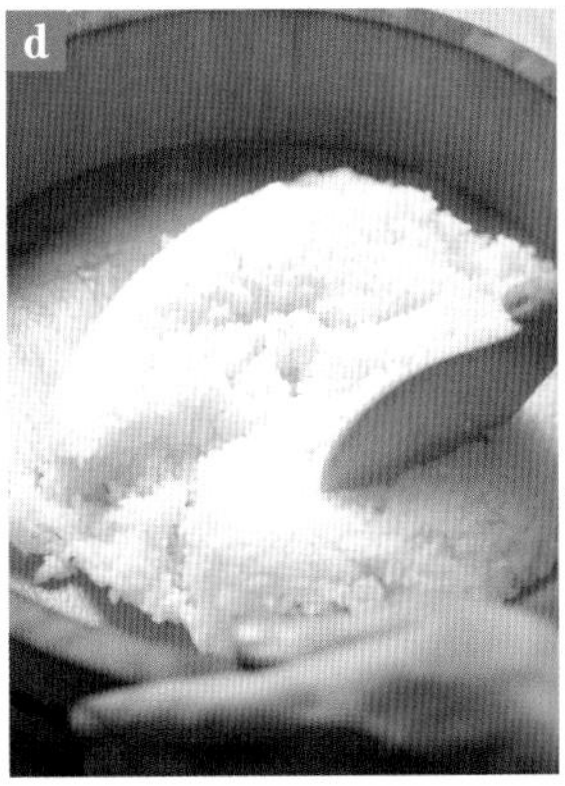

d

e

f

●材料例（米2合分・ごはん約600g分）

米…2合（300g・360ml）
水*…360ml
昆布…5cm角（5g）
酒…大さじ1

〈すし酢〉
**各すしの配合で、酢、砂糖、塩を合わせる。

〈手酢《てず》〉
酢を同量の水で割って適量作る。ごはん粒がつかないように、手や道具につけて使う。

*すしめし用のごはんは、すし酢を含ませる分、少なめの水でかために炊きます。ごはんが炊けたら、すぐにすし酢を打ちます。
**すし酢の味は、いなりずしならしっかりめ、にぎりずしならさっぱりめにと、すしの具や種類によって変えます。

●作り方

米をとぎ、分量の水につけて、昆布を加え、30分以上おく。酒を加えて、ごはんを炊く。

〈すし酢を打つ〉

1 手酢を用意する a。すし桶を、手酢でしめらせたふきんでふく。

2 すし酢の調味料を合わせておく b。

3 ごはんが炊きあがったら昆布を除き、すし桶にあける c。すし酢をごはんに回しかけ、しゃもじで切るように大きく手早く混ぜる d。

4 うちわであおいで e、時々上下を返しながら、蒸気をとばすと、つやがよくなる。

5 水でぬらしてかたくしぼったふきんをかけ f、さます。温もりがあるうちに、具を混ぜたり、形作ったりする。

※すし桶はごはんの水分をほどよく吸い、また混ぜやすいので、すしめしがパラリと仕上がります。2合分程度までなら大きめのボールを代用しても。

巻きずし

江戸中期ごろに、海苔《のり》やわかめ、薄焼き卵で巻いたすしが作られるようになります。関東は細巻き、関西は太巻きが好まれたといわれます。

●材料（中巻きずし4本分）

【すしめし】

ごはん
…750g
（米2½合を炊いた分）

〈すし酢〉
- 酢…80㎖
- 砂糖…大さじ2½
- 塩…小さじ1

手酢…適量（P.91参照）

【のりと具】

焼きのり…4枚
うなぎのかば焼き
…1枚（150g）
えび（無頭）…12尾（240g）
※竹串…12本

A
- 砂糖…大さじ1
- 酢…大さじ4
- 水…大さじ2
- 塩…少々

卵…3個

B
- 砂糖…大さじ1½
- みりん…大さじ1
- 塩…少々

サラダ油…小さじ1
きゅうり…1本
三つ葉…1束（100g）

●作り方（1本分620kcal　塩分2.5g）

1 ごはんにすし酢を打って、すしめしを作る（p.91参照）。

2 具を用意する。

【えび】背わたをとり、まっすぐになるように尾の下から竹串を刺して、ゆでる（p.103参照）。熱いうちに串を回し、さめてから抜く。尾と殻をむきとり、Aにつける。

【卵】割りほぐし、Bを加えてよく混ぜる。卵焼き器に油を薄くひき、卵液を数回に分けて入れながら、だし巻き卵の要領で焼く。さまして、約1cm角の棒状に切る。

【きゅうり】縦4等分に切り、塩小さじ1/4（材料外）をふって10分おく。さっと洗い、水気をふく。

【三つ葉】長いまま熱湯でさっとゆで、水にとって水気をしぼる。

【うなぎ】縦長に、約1cm幅の棒状に切る。

3 巻く。

❶巻きすだれの上に、のりを横長に置く（つやのある面を下に）。手酢を使いながら、1/4量のすしめしをのせ、向こう3cmを残して広げる a 。

❷すしめしの中央に、三つ葉、うなぎ、えび b 、きゅうり、卵焼きを重ねて並べる。

❸「すしめしの手前の端を、向こうのごはんの端に合わせる」つもりで巻き c 、巻きすをしっかりしめる。すしを少しころがして端ののりを巻きこむ。巻きすを巻き直して d 、しめる。4本作る。

4 包丁をぬれぶきんで1回ずつふきながら、1本を8等分に切り分ける e 。甘酢しょうがを添えても。

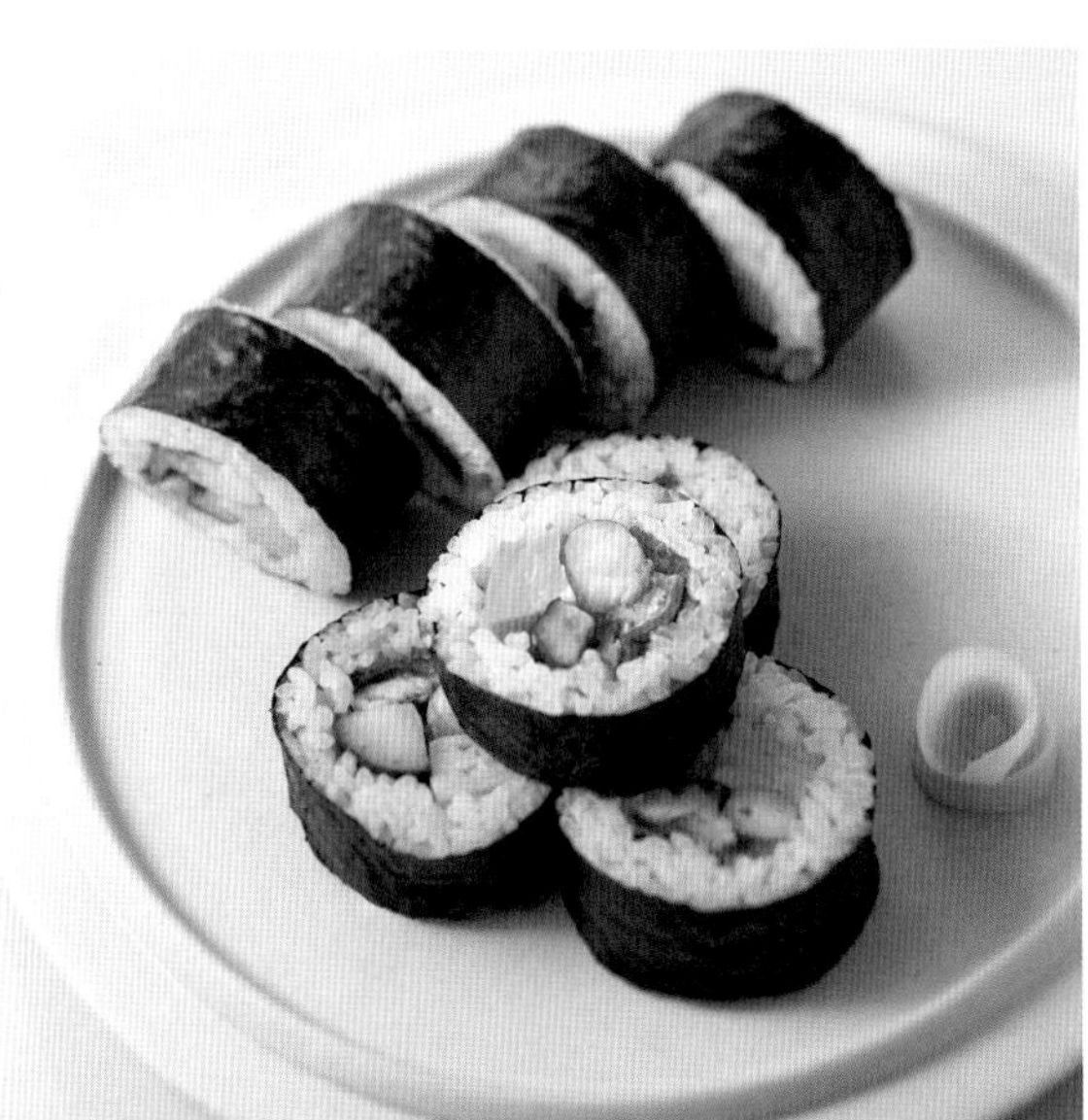

手まりずし

かわいらしさと、ラップで包む手軽さが、ひな祭りなど家庭の集まりごとに重宝する近代ずしです。伝統的なすしで「包む」といえば、柿の葉や笹の葉などで包むすし。葉の抗菌作用を利用した先人の知恵に敬服します。

●材料（5種×2人分）

［すしめし］
ごはん
…300g（米1合を炊いた分）
〈すし酢〉
砂糖…大さじ1½
酢…大さじ2
塩…小さじ½
手酢…適量（p.91参照）

［具］
鯛《たい》（刺身用さく）…正味50g*
昆布…幅約4㎝×長さ10㎝を2枚
サーモン（刺身用さく）…正味25g*
きゅうり…¼本
ラディッシュ…2個
イクラ…大さじ1（10g）
木の芽…2枚
桜の花（塩漬け）…2個
レモン…¼個
おろしわさび（p.88参照）…少々

*鯛とサーモンのさくは、切りやすいように分量より多めを用意する。

●作り方（1人分395kcal 塩分1.8g）

1 ごはんにすし酢を打って、すしめしを作る（p.91参照）。

2 具を用意する。
【鯛】昆布じめにする。昆布*はやわらげておく**a**。鯛は薄いそぎ切りを4枚とり、昆布2枚の間にはさむ**b**。ラップで包み、皿などの重しをのせて、1～2時間冷蔵庫におく。

*手酢でしめらせたペーパータオルでふくか、手酢でしめらせてポリ袋に入れて少しおく。

【サーモン】そぎ切りを2枚とる。

【きゅうり・ラディッシュ】それぞれから薄い輪切りを10枚とり、塩少々（材料外）をふって5分ほどおき、水気をふく。

【その他】桜の花は洗い、約3分水につける。レモンは小片を2切れとり、皮少々をみじん切りにする。

3 すしめしを10等分にし、手酢を使いながら、軽く丸める（1個約30g）。

4 約20㎝角のラップを広げ、［具材→ごはん］の順に重ね、ラップをしぼって丸く形作る**c**。
【鯛】
［鯛→木の芽→ごはん］×2個
［桜の花→鯛→ごはん］×2個
【サーモン】
［サーモン→わさび→ごはん］×2個。レモンの小片を飾る。
【きゅうり・ラディッシュ】
［薄い輪切り5枚を、花びら状に並べる。ごはんをのせる］×各2個。きゅうりにはイクラを、ラディッシュにはレモンの皮のみじん切りをのせる。

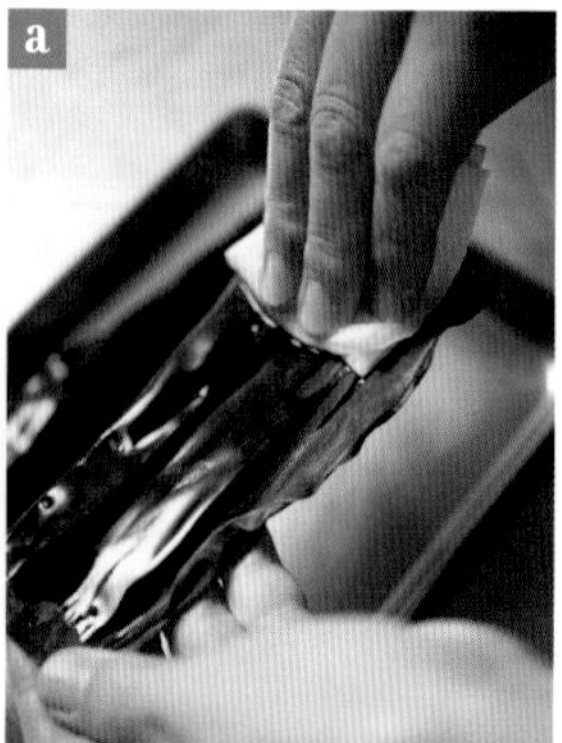
a

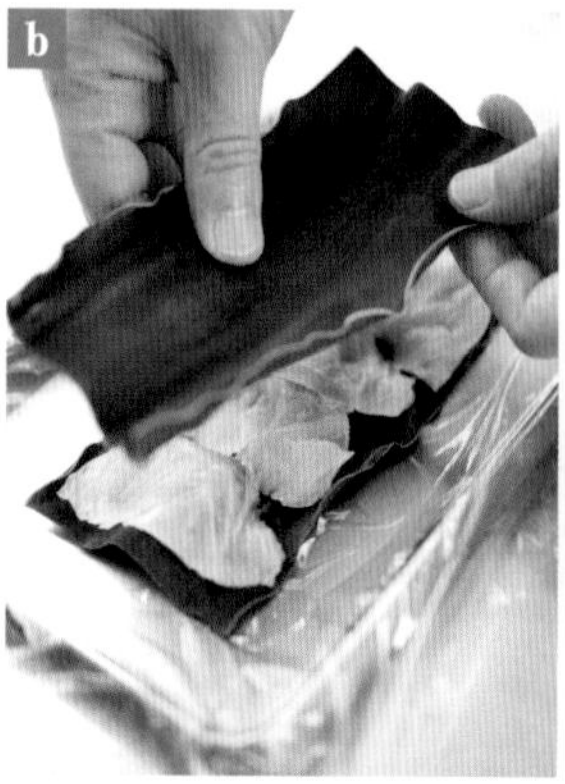
b

c

c

穴子のちらしずし

酢めしに具を混ぜ散らす「散《ち》らしずし」。
昔から日本の各地で産物を使った
独特のすしが作られ、
夏祭りなどでふるまわれてきました。

●材料（2人分）

［すしめし］
ごはん…300g（米1合を炊いた分）
〈すし酢〉
- 砂糖…大さじ1
- 酢…大さじ2½
- 塩…小さじ½

手酢…適量（p.91参照）

［具］
穴子のかば焼き…1枚（100〜150g）
卵…2個
A
- みりん…大さじ1
- 塩…少々

サラダ油…小さじ½
きゅうり…½本
みょうが…1個
しその葉…5枚
いりごま（白）…大さじ1
新しょうが*…15g

*ひねしょうがなら10gを使用。甘酢しょうがでも。

●作り方（1人分563kcal 塩分2.1g）

1 新しょうがはみじん切りにする。すし酢は合わせ、小さじ2をとり分ける。残りのすし酢に、しょうがを混ぜておく。

2 きゅうりは小口切りにし、塩少々（材料外）でもみ、水気をしぼる。みょうがは縦半分に切り、熱湯でさっとゆでる。それぞれに、とり分けたすし酢を小さじ1ずつまぶしておく。

3 しその葉はせん切りにし、水にさらして水気をきる。

4 穴子は耐熱皿にのせて、酒大さじ1（材料外）をふり、ラップをして電子レンジで約50秒（500W）加熱し、温める。半量を1cm幅に切り、残りは飾り用に1.5cm幅に切る a。

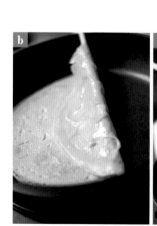

5 卵をほぐし、Aを混ぜ、こす。フライパンに油を薄くひきながら、薄焼き卵を2、3枚焼く b。細く切る（錦糸玉子）。

6 ごはんに、しょうが入りすし酢を打ち、すしめしを作る（p.91参照）。ごま、きゅうり、1cm幅の穴子を混ぜる。器に盛りつけ、錦糸玉子、小口切りにしたみょうが、飾り用穴子、しその葉を飾る。

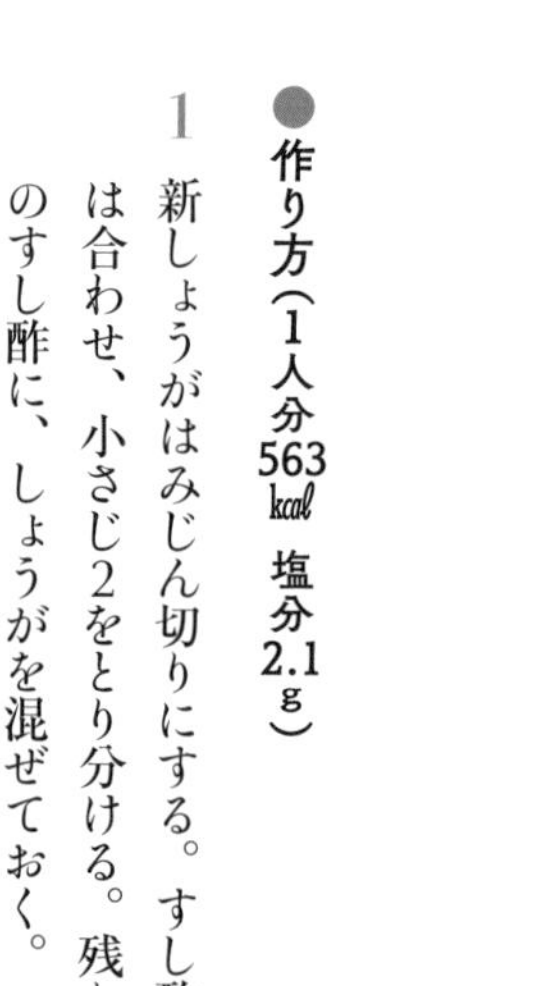

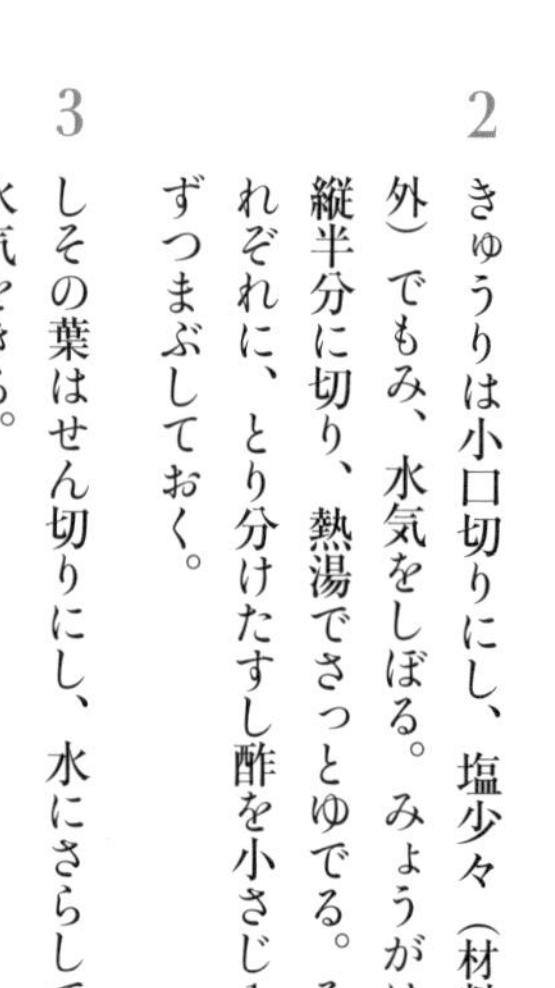

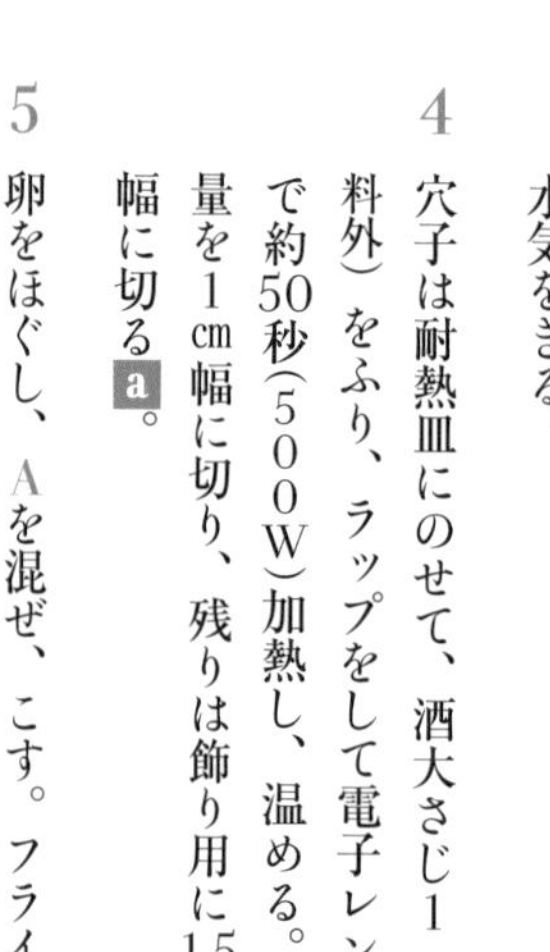

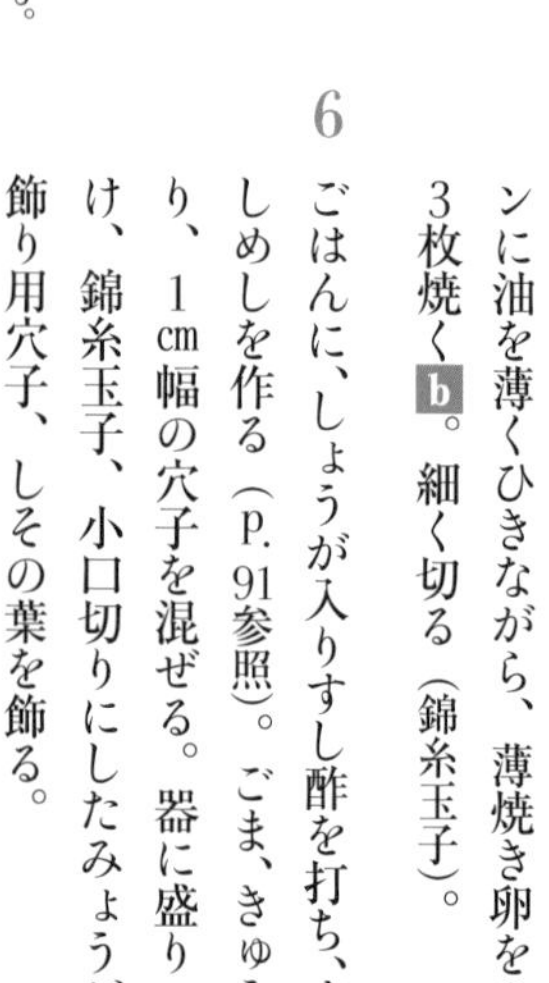

五目いなりずし

江戸時代の風俗随筆『守貞謾稿《もりさだまんこう》』によると、
いなりずしは、江戸末期の名古屋生まれといわれます。
油揚げは、稲荷神社の神様の使いであるきつねの好物とされ、
「お稲荷さん」の名がつきました。
運動会や行楽の定番弁当に。

●材料（12個分）

［すしめし］
ごはん…450g（米1½合を炊いた分）
〈すし酢〉
砂糖…大さじ1½
酢…大さじ2½
塩…小さじ⅓
手酢…適量（p.91参照）

［油揚げ］
油揚げ（開きやすいタイプ）…6枚
A
だし…200mℓ
砂糖…大さじ3
みりん…大さじ2
しょうゆ…大さじ2

［具］
干ししいたけ…大1個（4g）
ごぼう…40g
にんじん…40g
B
しいたけのもどし汁…大さじ1
だし…100mℓ
砂糖…大さじ1
しょうゆ…小さじ2
いりごま（白）…大さじ1
甘酢しょうが…10g
さやえんどう…3枚

●作り方（1個分143kcal 塩分0.7g）

1 干ししいたけは水50mℓ（材料外）につけてもどす。

2 油揚げを煮る。
❶油揚げは、菜箸1本を前後にころがし、開きやすくする a。半分に切って袋状に開く b。
❷たっぷりの湯に入れて約3分ゆで c、途中上下を返し、ざるにとる（油抜き）。あら熱がとれたら水気をしぼる d。
❸鍋にAを温め、油揚げを並べ入れて落としぶたと e、きせぶたをし、弱めの中火で約15分煮る。途中で上下を返す。煮汁が鍋底に薄く残るくらいで火を止める。そのままさます。

3 具を用意する。
❶しいたけは2㎝長さの薄切りにする。ごぼう、にんじんは2㎝長さの細切りにする。これらをBで煮る。沸騰後、弱めの中火で約5分、煮汁がほぼなくなるまで煮る。ざるにとる。
❷さやえんどうはゆで、斜め細切りにする。甘酢しょうがは細かくきざむ。

4 油揚げはざるに広げ、汁を自然にきる f。

5 ごはんにすし酢を打って、すしめしを作る（p.91参照）。すしめしに、ごま、甘酢しょうが、煮た具を混ぜる g。12等分にする。手酢を使いながら軽くにぎり、油揚げに詰める h。さやえんどうを飾る。

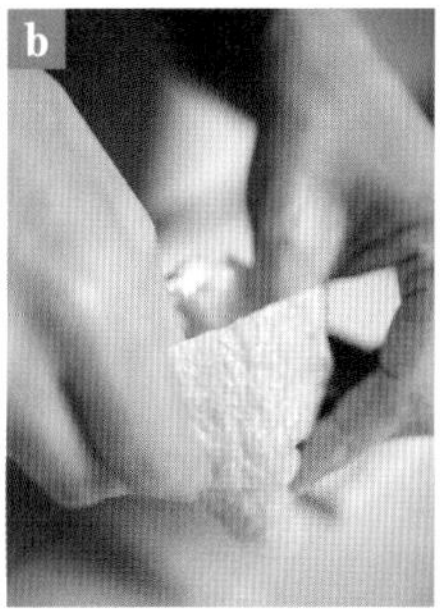

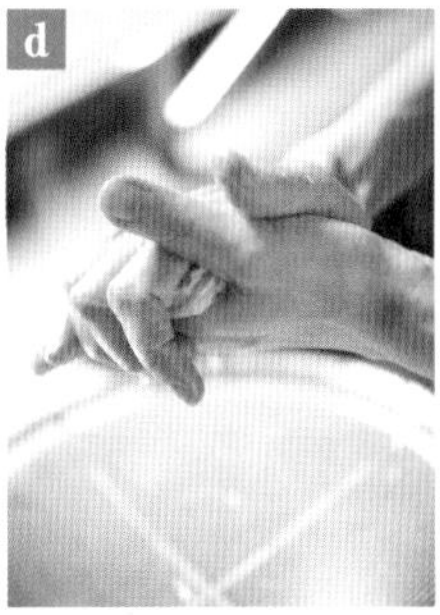

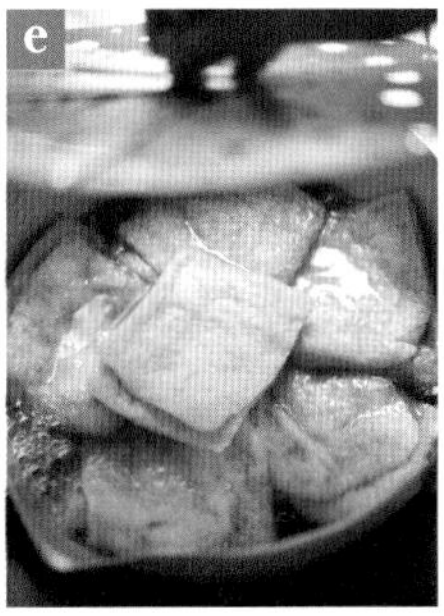

かぶの紅白押しずし

白米に黒米を少し加えると赤いごはんに。
赤には魔除けの意味があるので、年末年始にいかがでしょう。
すしの歴史には箱に詰めて押す「押しずし」が多数登場します。

●材料（内径約16×8㎝の押しずしの木枠1個分）

［すしめし］
米…1合（150g・180㎖）
黒米…小さじ1
水…180㎖
〈すし酢〉
　酢…大さじ1
　砂糖…小さじ1
　塩…少々
手酢…適量（P.91参照）

［かぶ］
かぶ…小1個（50g）
　塩…小さじ1/4
　酢…小さじ1/2
かぶの葉…10g

［ゆずぽん酢のジュレ］
A 粉ゼラチン…小さじ1/2
　水…大さじ1
ゆずのしぼり汁…大さじ1/2
しょうゆ…大さじ1/2

●作り方（全量で593kcal　塩分2.6g）

1 米はとぐ。黒米は洗う。両方を合わせ、分量の水を加えて30分以上おく。ごはんを炊く。木枠は水につけておく a 。

2 ジュレを作る。耐熱容器にAの水を入れてゼラチンをふり入れ、約15分おいてふやかす。電子レンジで約10秒（500W）加熱し、溶かす。ゆずの汁、しょうゆを加えて混ぜ、冷蔵庫で冷やし固める。

3 かぶは皮ごと半分に切り、繊維を断つ向きで2㎜厚さの半月切りにする。塩をふってもみ、5分おいて水気をしぼる。並べて酢をかけておく。

4 かぶの葉はみじん切りにし、塩少々（材料外）をふって5分おき、水気をしぼる。

5 炊きあがったごはんにすし酢を打ち、すしめしを作る（P.91参照）。

6 木枠の内側にラップ（30×20㎝）を敷く。手酢を使いながら、すしめしを平らに詰める b 。ふたで押す。かぶを並べてラップをかぶせ、ふたで押さえる c 。皿などの重しをのせて30分ほどおく。

7 木枠をはずして12等分に切る d 。フォークでジュレをくずし e 、かぶの葉とともにのせる。

a

b

c

c

c

d

d

e

にぎりずし

握《にぎ》りずしは、江戸末期に
華屋与兵衛《はなやよへえ》が今の形に成したと
いわれ、江戸で流行の火がつきます。
江戸前で獲れる魚介を
しょうゆ漬けや酢洗いにして
使っていたようです。

●材料（5種×2人分）

【すしめし】
ごはん…200g（米0.7合を炊いた分）
〈すし酢〉
- 酢…大さじ3
- 砂糖…小さじ1
- 塩…小さじ$1/3$

手酢…適量（p.91参照）

【ねた】

えび（無頭）… 2尾（40g） ※竹串2本
まぐろ… 適量（正味そぎ切り2切れ分）
小鯛《こだい》の酢漬け… 2枚
とり貝（市販のボイル）… 2切れ
イクラ（または、うに）… 30g

焼きのり… 4×10cmを2枚
青ゆず（またはすだち）の皮… 少々
芽ねぎ… 少々
おろしわさび（P.88参照）… 少々
しょうゆ… 適宜

●作り方（1人分270kcal 塩分1.9g）

1 すし酢を合わせ、大さじ1をとり分ける。ごはんに残りのすし酢を打って、すしめしを作る（P.91参照）。

2 えびは背わたをとり、尾の下から竹串を刺して、ゆでる a。熱いうちに竹串を回し、さめてから抜く。尾を残して殻をむき、腹側から開く b。とり分けたすし酢につける。

3 まぐろは5mm厚さのそぎ切りを2枚とる c。

4 小鯛は1枚を半分に切り d、重ね合わせて長方形に整える。とり貝は水気をふく。

5 次ページの【にぎり】と【軍艦巻き】のとおりに作る。すしめしは1貫につき約20g。手酢を使いながら形作る。

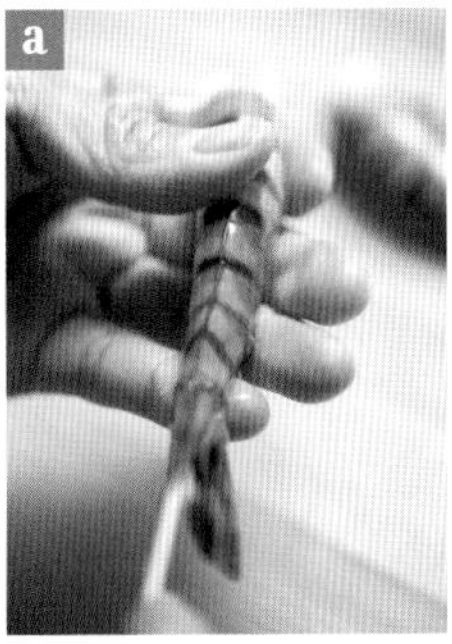
a

a

c

a

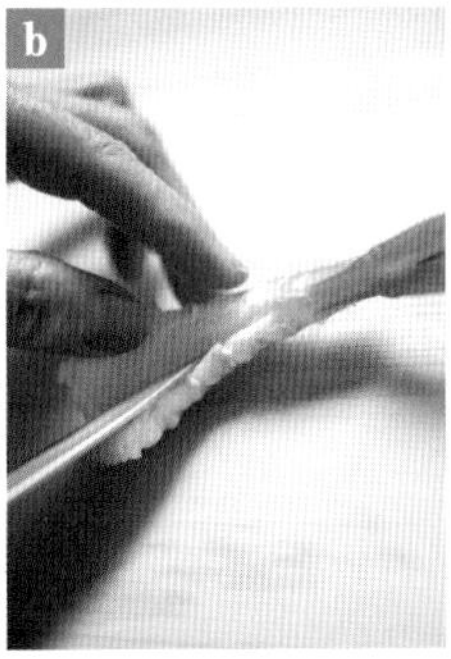
b

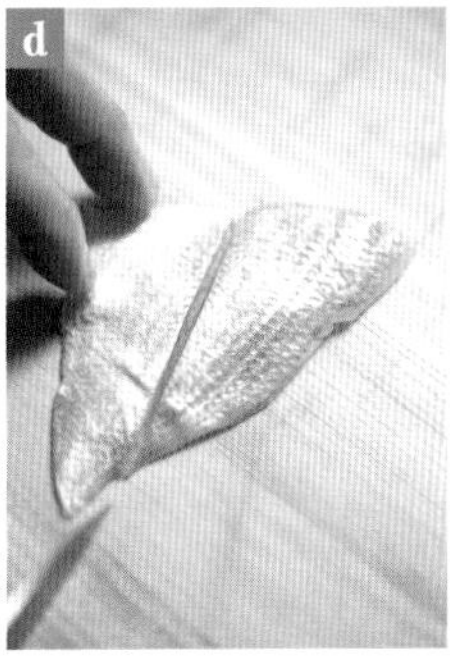
d

にぎり

まぐろ・えび・小鯛《こだい》・とり貝

❶右手ですしめしを軽くひとにぎりする a。左手でねたをとり、裏側にわさびをつける b。
❷ねたの上にすしめしをのせ、人差し指と中指で軽く1度押さえる c。
❸すしの天地と前後を返し、再度指で1度押さえる d。　＊小鯛には、ゆずの皮をのせる。

a

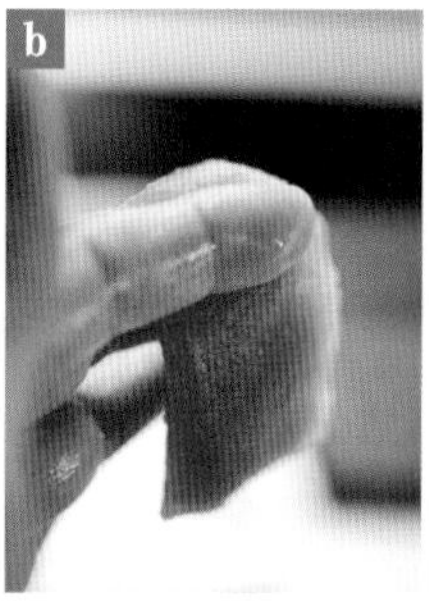
b

b

c

c

c

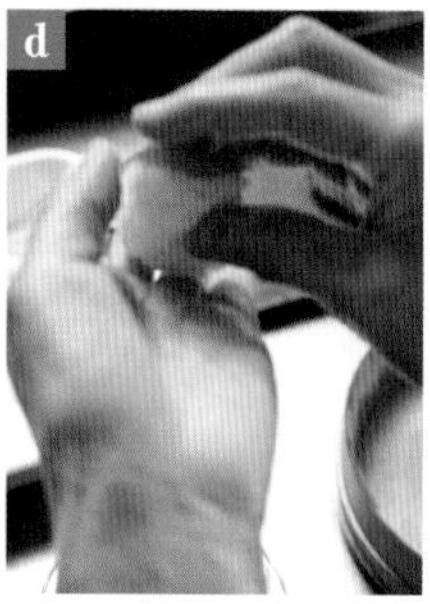
d

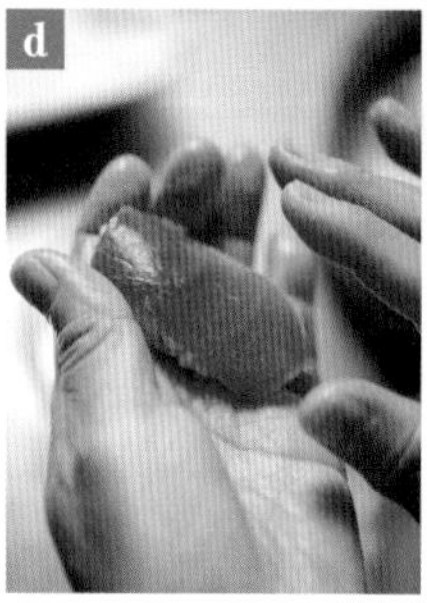
d

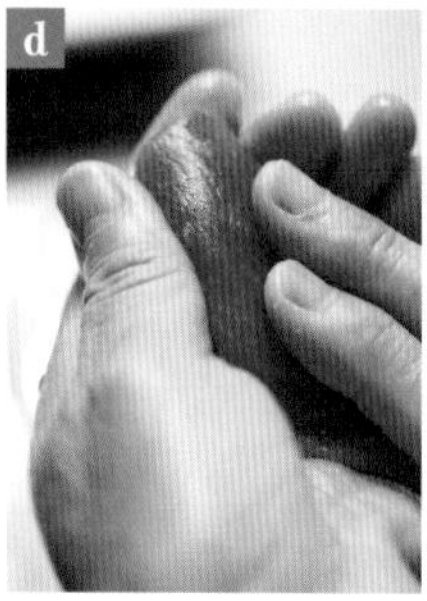
d

軍艦巻き

イクラ

❶すしめしを軽くにぎる a。
❷まな板に置き、まわりにのりを巻きつける b。
❸イクラ c、芽ねぎをのせる。

a

b

b

b

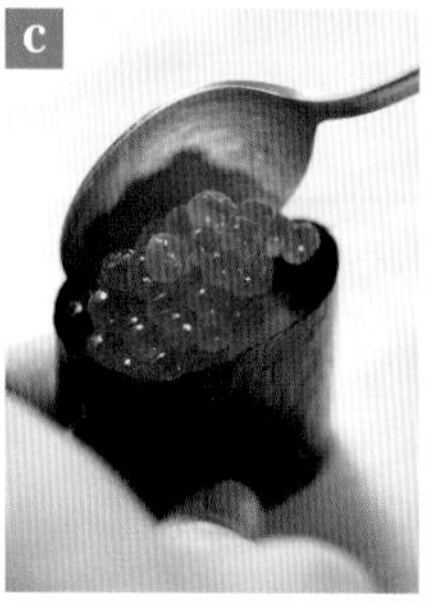
c

日本の正月

おせち

正月の風習は特別です。我が家を通りすぎないようにと目印の門松を立てて神様をお迎えし、鏡餅を供えます。丸い鏡餅は魂を象徴し、年神様の力を宿します。その力を分かち合って一年の息災を願います。丸餅を「歳魂《としだま》」として子どもに配る風習もありましたし、雑煮の餅にも、鏡開きのしるこの餅にも、そんな意味がこもっています。

雑煮の味つけや餅の形などに、かつては明確な地方性がありました。最近はその線引きが薄らいでいるそうですが、今も〝うちの雑煮〟は健在です。つないでいきたい家の味でしょう。

ところで雑煮は、中世の武士の盃事《さかずきごと》において、正式の酒肴でした。餅の霊力に頼むめでたい料理。今日、厄払いの酒であるお屠蘇《とそ》を飲んで雑煮を食べることにもその面影を見ます。当時の酒肴はほかに、昆布やするめ、勝ち栗などが供されています。江戸中期ごろには、数の子や黒豆などが加わり、おせち料理につながります。おせちは「御節《おせち》供《く》」に由来し、節供は特別な日の神様への供えもののこと。願いがこもる料理です。

正月

七十二候の季節だより――

新年、おめでとうございます。
元日の朝に初めて汲む水、
若水《わかみず》を神様に供えます。
若水でとるだしの香り、
餅が焼ける香ばしいにおい、
柳箸でいただくおせちの味わい。
変わらぬ味はしみじみ
おいしく心安らぎます。
「雪下出麦（ゆき わたりて むぎ のびる）」
雪の下の芽生えが、
じっと春を待っています。

栗きんとん ≫P.111

黒豆 ≫P.109

豆きんとん ≫P.110

田作り ≫P.108

えびの
鬼殻焼き
≫P.113
紅白
かまぼこ
柿なますの
ゆず釜
≫P.116
市松のしどり
≫P.112
かずのこ
≫P.109

田作り

「三《み》つ肴《ざかな》」はおせちの代表で、黒豆・かずのこ・田作り（または、たたきごぼう）。田の肥料にしたことから、五万米《ごまめ》は田作りとも呼ばれ、五穀豊穣を願います。

●材料（作りやすい分量）

ごまめ*…40g

〈調味液〉

A
- 砂糖…大さじ1½
- みりん…大さじ½
- しょうゆ…大さじ½
- 水…大さじ1½

B
- しょうが汁…大さじ½
- 酒…大さじ½

*煮干しは小魚を塩水でゆでてから干したものに対し、ごまめはかたくちいわしの稚魚を乾燥させたもので目が黒い。

●作り方（全量で205kcal 塩分3.0g）

1 フライパンにごまめを入れ、弱火にかけて、こがさないように7～8分いる。

2 ひとつとって少しさまし、指でポキッと折れればよい。ざるにとり、細かい粉をふるい落とす **a**。

3 A、Bをそれぞれ合わせる。

4 フライパンの汚れをふきとる。Aを入れて中火にかけ、つやのある大きな泡が中心まで沸いたら、ごまめを加えて手早くからめる **b**。続いてBを加え、さっと混ぜる。

5 すぐにクッキングシートにあけて広げ、さます（冷蔵で約2週間保存可能）。

黒豆

黒は厄除けの色であり、
また「まめに暮らす」に通じることから、
黒豆は健康を祈願します。

●材料（作りやすい分量）

黒豆*…200g
水…1ℓ
砂糖…120g
しょうゆ…大さじ1
塩…小さじ1/4

*しっかり密封してあるもので、できれば新豆がおすすめ。

●作り方（全量で1064kcal　塩分1.9g）

1 黒豆は洗う。鍋に材料を全部合わせ、黒豆をつけて冷暗所にひと晩おく（約10時間）。

2 鍋をそのまま強火にかける。煮立ってきたらアクをとり、表面が静かに沸いているくらいに火を弱める。クッキングシートで落としぶたを作って表面にかぶせ、きせぶたをして3〜4時間煮る*（豆によって差がある）。

*豆にしわを寄せないために、豆が汁から出ない状態で煮る。たりなくなったら水を少したす。

3 ひと粒試し、やわらかくなっていれば火を止める。汁につけたまままさまして味を含ませる（冷蔵で5〜6日保存可能）。

かずのこ

北大路魯山人《きたおおじろさんじん》が「音を食うもの」と
評したかずのこ。にしんの魚卵で、
にしんをカドということから訛《なま》ったとか。
「数の子」ですから子孫繁栄につながります。

●材料（作りやすい分量）

かずのこ（塩蔵）
…6〜7本*（120g）
〈つけ汁〉
だし…200㎖
酒…大さじ1
みりん…大さじ1/2〜1
うすくちしょうゆ
…大さじ1

〈天盛り〉
糸かつお…少々

*サイズは大小いろいろ。

●作り方（全量で121kcal　塩分2.0g）

1 かずのこは、呼び塩（水500㎖＋塩小さじ1・材料外）につけ、冷蔵庫に約1日おいて塩を適度に抜く。途中で1、2度塩水をかえる。

2 少し食べてみて、ほどよい塩加減ならとり出す。薄皮は指でこすりとり、水気をきる。

3 ボールにつけ汁の材料を合わせ、かずのこをつける。冷蔵庫に半日ほどおいて味を含ませる（冷蔵で3〜4日保存可能）。

4 食べやすい大きさに切って盛りつける。糸かつおをのせる。

豆きんとん

きんとんは栗やいんげん豆を甘く煮たもの。いんげん豆は17世紀に帰化僧の隠元がもたらしたとの説があります。食物繊維たっぷりで健康祈願の目的にかないます。

●材料（作りやすい分量）

大福いんげん豆*…200g
砂糖…140g
塩…小さじ1/6

*いんげん豆類のうち、やや大きめのもの。さらに大きい白花豆の場合は、作り方3のゆでる時間は倍くらいになる。

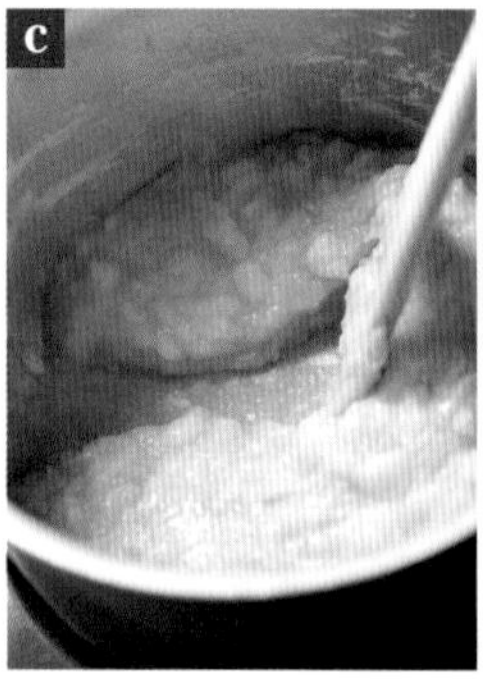

●作り方（全量で1204kcal　塩分0.9g）

1 豆は鍋に入れ、たっぷりの水につけて冷暗所にひと晩おく a（約10時間）。

2 鍋をそのまま強火にかけ、煮立ってきたらアクをとり、弱火にして5分ゆでて、ざるにあける。

3 豆を鍋に戻し、新たに、水（材料外）を豆の2cm上くらいまで入れ、強火にかける。煮立ったら弱火にし、クッキングシートの落としぶたをのせ、きせぶたをして約1時間ゆでる。

4 豆が少しくずれる程度にやわらかくなったら b、砂糖を半量加え、へらで全体を混ぜ、さらに残りの砂糖を加えて混ぜる。

5 中火にし、混ぜながら15分ほど煮る。

6 水分がとび、鍋底にへらの跡が一瞬残るようになったら c、火を止める。塩を混ぜる。さめるとややかたくなる（冷蔵で6〜7日保存可能）。

栗きんとん

黄金の色に輝く
財宝にたとえて、
豊かな年を願います。
〝勝ち栗〟の栗と、
〝九里四里(栗より)
うまい「十三里」〟
と呼ばれる
さつまいもの共演です。

●材料(作りやすい分量)

- さつまいも…250g
- くちなしの実…1個
  - ※お茶用パック…1枚
- 水…400㎖
- 〈蜜〉
  - 水…100㎖
  - 砂糖…80g
  - みりん…大さじ1
  - 栗の甘露煮の汁…大さじ1
- 栗の甘露煮…8粒
- 塩…少々

●作り方(全量で896㎉ 塩分0.7g)

1 くちなしの実はさみで半分に切り、お茶用パックに入れる。水400㎖を入れた鍋につけて30分以上おく。

2 さつまいもは1㎝厚さの輪切りにし、皮を厚くむく。水をかえながら30分ほど水にさらす。蜜は合わせておく。

3 1の鍋にいもを入れて約15分ゆでる a (竹串がスッと通るまで)。くちなしを除く。

4 いもを熱いうちに裏ごしする b (ゆで汁を少しずつ加えるとこしやすい)。

5 4を鍋に入れ、蜜を少しずつ加える。強火で練り混ぜながら沸騰させる。火を弱め、ゆっくりと混ぜながら20分ほど煮る。

6 水分がとび、鍋底にへらの跡が一瞬残るようになったら、栗を加えてさらに煮る c 。

7 つやが出て、へらからポッテリと落ちる程度になったら d 、塩を加えてひと混ぜし、火を止める。さめるとややかたくなる(冷蔵で6~7日保存可能)。

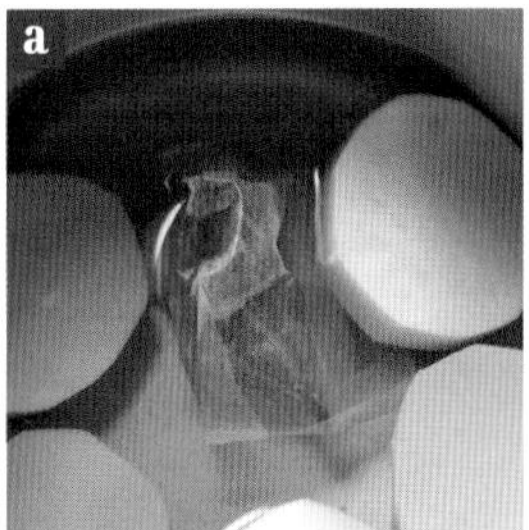
a

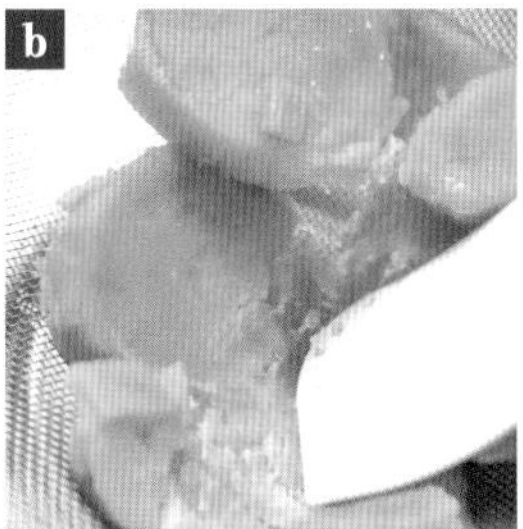
b

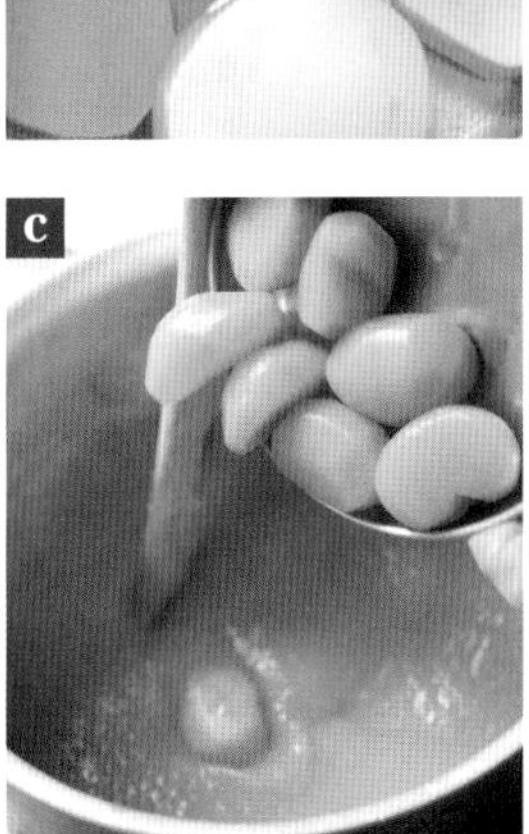
c

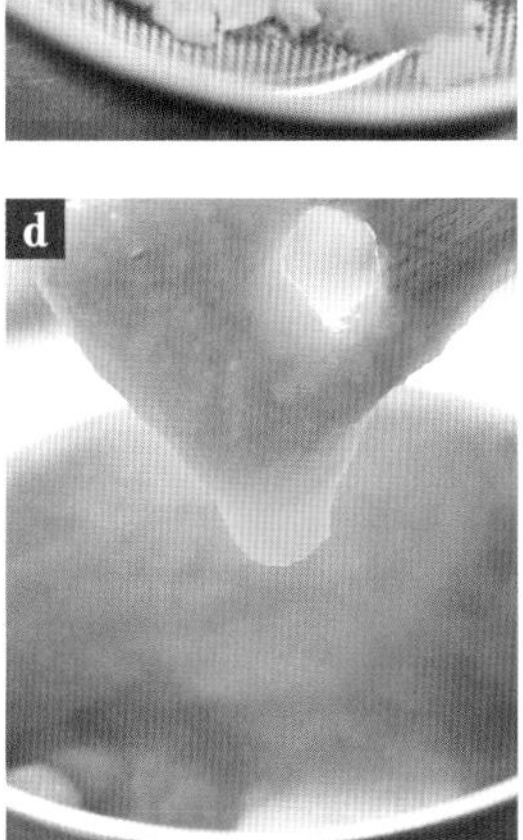
d

市松のしどり

生地を伸《の》して作る「熨斗鶏《のしどり》」は、熨斗鮑《のしあわび》と同様に祝いの[illegible]す。のした鮑は[illegible]今は[illegible]品のシンボルです。

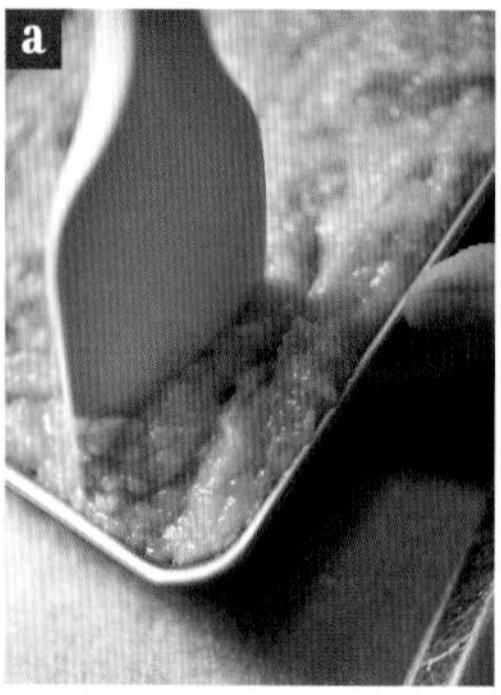

●材料（15×21×1.5㎝の耐熱性トレー1枚分）

とりひき肉……300g
A
- みそ…20g
- 砂糖…大さじ2
- みりん…大さじ1
- 酒…大さじ1
- しょうゆ…小さじ1

卵…1個
片栗粉…大さじ1½
けしの実*…小さじ1
青のり…小さじ1
みりん…小さじ1

*ポピーシードとして売っている。

●作り方（全量で865㎉　塩分4.0g）

1 型にするトレーにサラダ油少々（材料外）を薄く塗る。卵はときほぐす。

2 ボールにひき肉とAを合わせ、手でよく練り混ぜる。とき卵を加え、粘りが出るまでよく混ぜ、最後に片栗粉を加えてさらに混ぜる。

3 トレーに2を入れて隅まで均一に詰め a、表面を平らにする。フォークなどで数か所穴をあけて、生地がふくらむのを防ぐ。

4 オーブンを180℃（ガスなら170℃）に予熱し、3を約18分焼く。

5 あら熱がとれたらトレーから出し、さます。

6 端を切り落とし、24等分の正方形に切る。表面にみりんを薄く塗る。12切れずつに、けしの実と青のりをふる b。市松もように並べて盛る（冷蔵で3〜4日保存可能）。

えびの鬼《おに》殻《がら》焼き

えびは長寿の象徴です。鬼殻焼きは
鎧《よろい》焼きともいわれ、ごちそう感がある料理。
車えびは丸く曲げると、もようから車輪を思わせます。

●材料（4尾分）

車えび*（有頭）…4尾（200g）
※竹串（約18㎝）…4本

〈つけ汁〉
うすくちしょうゆ…大さじ2
酒…大さじ2
みりん…大さじ1

*車えびは上品な肉質でうま味がある。ブラックタイガーや赤えびでも。

●作り方（1尾分36kcal 塩分1.6g）

1 えびは殻つきのままよく洗い、水気をふく（ひげが長ければ切る）。竹串で背わたをとり除く。トレーにつけ汁を合わせ、えびをつけて15～20分おく。竹串は水につけておく。

2 えびの尾の下から頭に向けてまっすぐに、竹串を刺す。

3 1のつけ汁は小鍋に入れ、約半量にとろりとするまで煮つめる（たれ）。

4 えびを中火のグリルで焼く（両面グリルなら3～4分）。途中約3回、たれを頭から尾に向けて塗る **a**。

5 焼けたら、熱いうちに竹串を回しておき、あら熱がとれたら抜きとる（冷蔵で2～3日保存可能）。

招福の炊き合わせ

〝見通しがきく〟れんこん、
〝芽が出る〟くわいなどの
縁起のよい野菜と、
めでたい飾り切りで祝う煮ものです。
それぞれの味つけで煮て素材を
活かし、福々しく盛り合わせます。

しいたけ・こんにゃく

●材料（作りやすい分量）

干ししいたけ…大8個（32g）
こんにゃく（白）…1枚（200g）
〈煮汁A〉
だし…200ml
しいたけのもどし汁…100ml
砂糖…大さじ3
みりん…大さじ2
しょうゆ…大さじ2

●作り方（全量で214kcal 塩分4.9g）

1 干ししいたけは水200ml（材料外）につけてもどしておく。こんにゃくは〈手綱こんにゃく〉にする。
2 1を煮汁Aで煮る（沸騰後、弱火で30～40分煮、汁気が少なくなるまで煮る）。
3 さめてから、しいたけを〈亀甲〉の形にする。

くわい・れんこん

●材料（作りやすい分量）

*くわい…8個（320g）
米のとぎ汁…400ml
れんこん…150g
〈煮汁B〉
だし…800ml
砂糖…大さじ2
うすくちしょうゆ…大さじ1½
みりん…大さじ1
塩…小さじ¼

*全体を水につけ、時々水をかえて冷暗所におくと1か月以上もつ。

●作り方（全量で489kcal 塩分4.6g）

1 くわいは底を落とし、芽のほうへ皮をむく。汚れた芽の皮はむき、約3cm長さで斜めに切り落とす。米のとぎ汁で約5分ゆで、ざるにとる。
2 れんこんは〈花れんこん〉にする。
3 両方を煮汁Bで煮る（沸騰後、中火で約15分煮る。汁につけたままさます）。

にんじん・さやえんどう

●材料（作りやすい分量）

*にんじん…8cm（100～150g）
※抜き型（梅）
さやえんどう…12枚
〈煮汁C〉
だし…150ml
砂糖…大さじ½
みりん…小さじ1
塩…少々

*写真は京にんじん。

●作り方（全量で55kcal 塩分0.5g）

1 にんじんは〈ねじり梅〉にする。煮汁Cで煮る（沸騰後、弱火で約10分煮る。汁につけたままさます）。
2 さやえんどうは筋をとってゆでる。1の汁を少しとり分けてさまし、つける。

すべてクッキングシートの落としぶたと、きせぶたをして煮る。さましてから、器や重箱に盛り合わせる（冷蔵で3～4日保存可能）。

飾り切りの切り方

〈亀甲〉

長寿の象徴である亀の甲羅に見立て、長めの六角形にする。左右を平行に切り落とし、両脇を山に切る。

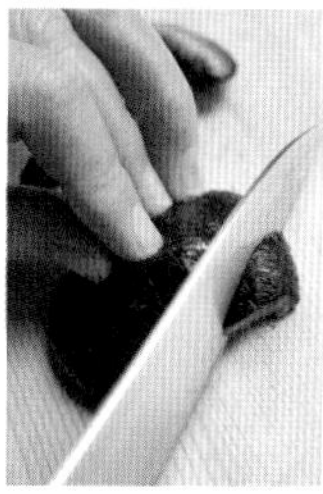

〈花れんこん〉

1cm厚さの輪切りにする。穴と穴の間をV字に切りとり、V字の角をなめらかにけずる。

〈ねじり梅〉

1cm厚さの輪切りにし、梅型で抜く。花びらの境目で中心に向けて切りこみを入れる。花びらの中央から切りこみに向け、厚みを斜めにそぎとる。

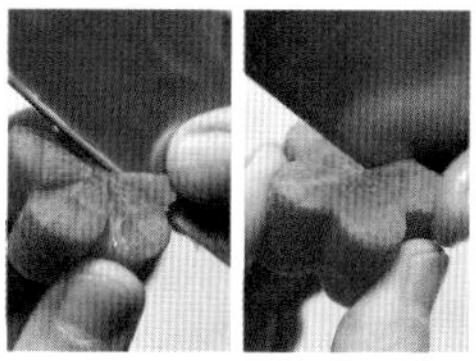

〈手綱《たづな》こんにゃく〉

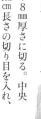

7～8mm厚さに切る。中央に1.5cm長さの切り目を入れ、片側を押しこんでくるりと返す。手綱で馬を御すように己を律する意味と、農耕馬から五穀豊穣の意味も。

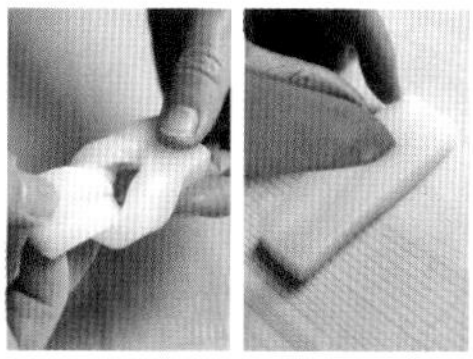

柿なますのゆず釜

なますは古くは生の魚肉を酢などであえたもので、中世に精進なますが現れます。古来からの保存食である干し柿は、「嘉来《かき》」に通じ、鏡餅に飾られることもあります。

●材料（作りやすい分量）

黄ゆず…2個（直径5～6㎝）

〈柿なますの具材〉
- だいこん…4㎝（100g）
- にんじん…4㎝（20g）
- 塩…小さじ1/4
- 干し柿*…1個（50g）

〈甘酢〉
- ゆずのしぼり汁**…大さじ2
- 砂糖…小さじ1
- 酢…小さじ1
- 塩…少々

*白い粉がふいて水分が少ない「枯露柿（ころがき）」が向く。名の由来は、朝夕の露にしめらせ、昼にころがしながら乾かすからなど諸説。

**しぼり汁がたりない場合は、酢をたす。

●作り方（全量で167kcal 塩分1.1g）

1 ゆずは上部約2㎝のところで切り、中身をスプーンでくり抜く。切り口を包丁できれいにする（ゆず釜）。汁をしぼる。

2 柿なますを作る。だいこん、にんじんは4㎝長さのせん切りにし、塩をふって混ぜ、約10分おく。しんなりしたら水気をしぼる。干し柿は細切りにする。

3 ボールに甘酢の材料を合わせ、2をあえる（ひと晩おくと、味がなじむ）。

4 ゆず釜になますを盛りつけ、ふたを添える（柿なますは冷蔵で2～3日保存可能）。

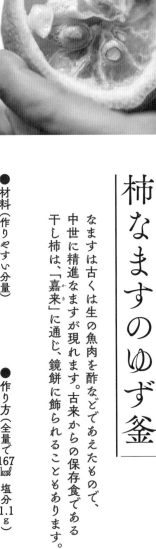

正月の祝膳の縁起物

重箱のおせち

一般的な三段の重箱では、「壱の重」に祝い肴や口取り（口取り肴）を、「弐の重」に焼きものと酢のもの、「参の重」に煮ものを詰めます。口取りは饗膳《きょうぜん》の最初に、吸いものと一緒に出す料理で、かまぼこやきんとんなど、山海の幸を使った甘味のある料理。正月客にはまず、「壱の重」の料理を出すわけです。

江戸時代、新年の祝膳料理は「蓬《ほう》萊《らい》飾り」または「食積《くいつみ》」と呼ばれ、床の間に飾られた縁起物（熨斗《のし》鮑《あわび》、昆布、勝ち栗など）。次第に見るだけのものとなり、別に作った煮しめを食べたり、客用に箱詰めしたりするように。いろいろな形で供されてきましたが、「重箱入りおせち」が確立するのは近代といわれます。

祝い箸

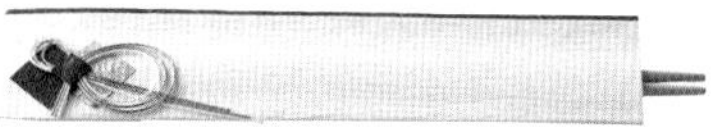

正月の祝い箸には、折れにくく白肌で聖なる木ともいわれる柳が使われます。両端が細いのは、一方を神様が使い、一緒に食べて神の力をもらうという「神人共食《しんじんきょうしょく》」の意味があります。大晦日に家長が家族の名前を箸袋に書いて神棚に供え、元日から松の内までは同じ箸を使う風習があります。

優美な和食器

祝膳には食器が華を添えます。日本の陶磁器は、茶の湯文化とともに開花します。安土桃山時代に志野、織部、唐津、備前、信楽などで傑作が創出。17世紀中期には磁器が作られ、有田や九谷では色絵や金彩を施した華麗なものが誕生。和食器には季節や心の風情、品格などが表現されており、料理や場に合わせて使われます。

漆器

正月に登場頻度の高い漆器。伝統的な漆器は、高温や傷に弱いなど扱いに気をつかいますが、本来、堅牢《けんろう》性に優れた特長をもちます。

日本で漆の歴史は非常に古く、縄文時代の遺跡からは、漆がけをした木製鉢が出土。漆を重ねて塗ると、本体の生地がとても長くもちます。木製漆器は発展し、中世の本膳料理では膳椀すべて塗りもののものも。蒔《まき》絵《え》や螺鈿《らでん》などの技術も確立。漆器は熱の伝導率が低いため手で持てて、唇への当たりが優しいという特質をもちます。

屠《と》蘇《そ》

屠蘇は、蘇（鬼）を屠（ほふ）るといわれ、邪気を払って長寿を願う祝いの薬酒。平安時代に中国から伝わります。宮中に始まり、庶民に広まるのは江戸時代以降のよう。肉桂《にっけい》、山《さん》椒《しょう》など数種の生薬を合わせた「屠蘇散」を、みりんや清酒にひたして作ります。

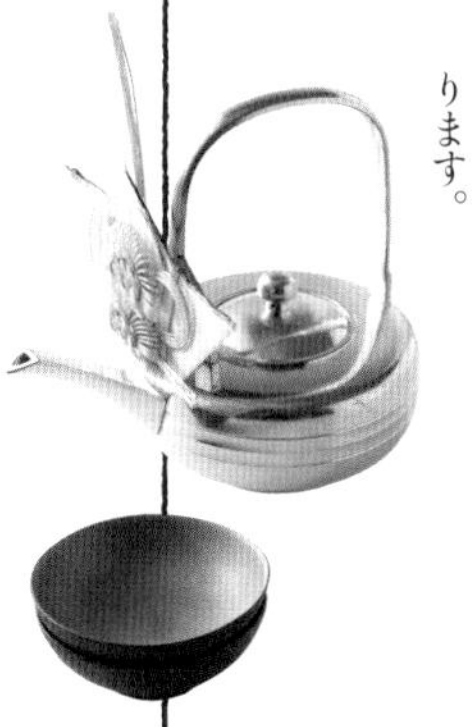

飾り葉

中世以降の料理流派では、料理に自然の美しさを表現することが意識されます。「掻敷《かいしき》（改敷）」もそのひとつ。料理の下に敷く植物や紙のことで、植物は「青掻敷」、また、「飾り葉」とも呼ばれます。

正月料理に使う飾り葉は縁起物。写真は左から、難を転ずる「南天」、「ゆずり葉」は新芽が出てから古い葉が落ちることから子孫繁栄を、「松」は常緑で不老長寿を、常緑で2葉のシダ「裏白《うらじろ》」は、とも白髪や清廉を象徴します。

七草がゆ

奈良時代から続くと
いわれる日本の行事食です。
人日《じんじつ》の節句である
1月7日に食べると、
邪気を払い、
万病を除くといわれます。

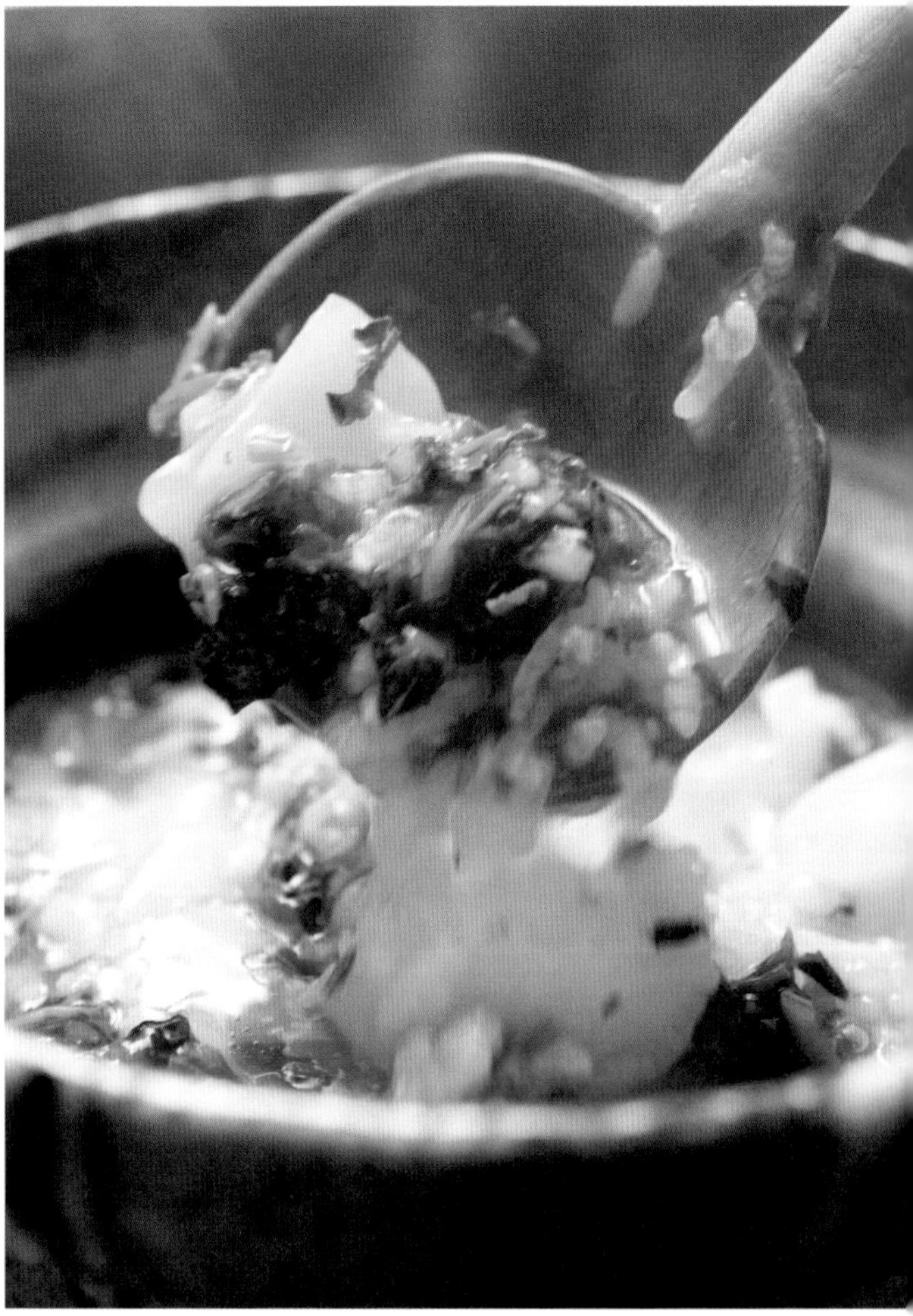

●材料（2人分）

米…½合（75g・90㎖）
水…600㎖（米容量の約7倍）
七草*…½パック（50g）
塩…小さじ¼

*七草はせり、なずな、ごぎょう、はこべら、ほとけのざ、すずな、すずしろ。すずなはかぶ、すずしろはだいこんで、身近な野菜でも作れます。

●作り方（1人分141kcal 塩分0.7g）

1 米はといで水気をきり、土鍋か厚手の鍋に入れる。分量の水を加え、30分以上おく **a**。

2 鍋にふたをして中火にかけ、約10分かけてゆっくり沸騰させる。蒸気をしっかり立ててから、ごく弱火にし、一度大きく混ぜる **b**（こげつき予防）。続けて、ごく弱火で35〜40分炊く（沸き上がるようなら、ふたを少しずらす）。

3 七草はさっとゆでて水にさらす。粗くきざむ。

4 かゆが炊けたら、七草と塩を加えてひと混ぜし、ふたをして5分ほど蒸らす。

a

b

おしるこ

「鏡開き」は鏡餅を下げて食べ、餅に宿る年神様の力を授かり、無病息災を願うもの。神様がいる〝松の内〟が明けたら行います。刃物は使わず、木槌《きづち》で餅を割り開くのが仕来《しきた》り。

●材料（6人分）

あずき…250g
砂糖…250g
塩…少々
餅（個包装）*…6個
塩昆布…適宜

*かたくなった鏡餅の場合、木槌などで割って（開いて）使う。水につけてふやかし、ゆでたり電子レンジにかけたりしてやわらかくし、しるこに加える。

●作り方（1人分384kcal　塩分0.2g）

1 鍋にあずきと、かぶるくらいの水を入れて火にかける。沸騰したら中火で2～3分ゆでて、ざるにあける（渋切り）**a**。

2 再び鍋に戻し、たっぷりの水（約1ℓ）を入れて火にかける。沸騰したら弱火にしてふたをずらしてのせ、約1時間煮る。

3 豆がやわらかく煮えたら、半量の砂糖を加えて約5分煮**b**、さらに残りの砂糖を加えて10分ほど煮る。隠し味の塩を加え、味をととのえる。

4 餅は好みの大きさにして焼く。椀に入れ、3をよそう。塩昆布を添える。

日本の食年表

豊かな四季の恵みを食べて、
自然を敬いながら、
人々は暮らしてきました。
加えて、中国などの外の文化を
とりこんで独自の食文化が
築かれました。
おいしく、健康的で、美しい和食。
ところが近年、
その特色が薄らいでいます。
日本の食文化の魅力と伝統を
もう一度、
見つめ直してみませんか。

縄文・弥生時代

稲作の始まり

- 古来より狩猟採集生活。木の実、自生の野菜(やまいもなど)、魚と、猪や雉《きじ》などの獣鳥肉を手で食べる。
- 縄文土器・石器などを使う。土器で塩を作る。
- 木の実の加工や、雑穀や麦、さといもなどの栽培をする。
- 縄文後期、九州北部で水田稲作開始。弥生時代には稲作が定着。
- 米は土器での煮炊きから、竈《かまど》や甑《こしき》で蒸すようになる。まな板の使用が始まる。
- 米とおかず＝「主食と副食」の形が誕生。
- 果汁を酢として使い、雑穀から酒を作る。

古墳・飛鳥・奈良時代

大陸文化の伝来

- 仏教伝来。
- 肉食禁止令発布(牛・馬・鶏・犬・猿は禁。猪や雉などの獣鳥肉は除外)。
- 遣隋《ずい》使・遣唐使より大陸の食文化が流入(箸と匙《さじ》、大陸の野菜、牛乳・乳製品、水飴、みその原型の穀醤《こくしょう》(未醤《みしょう》))。
- 大陸に倣《なら》い、宮中で年中行事が成立。日常と非日常の食事が出現。
- 箸の使用が始まる。
- 野菜栽培が広がり、漬けものにして保存。魚介は発酵や乾燥で保存。
- 米麹《こうじ》を使う酒や酢が作られる。

大陸文化の伝来　　稲作の始まり

奈良時代	飛鳥時代	古墳時代	弥生時代	縄文時代
710年	592年	250年頃	紀元前4世紀頃～250年頃	紀元前1万4千年頃～前4世紀頃

平安時代

和食の特徴の芽生え

●貴族の饗応料理「大饗《だいきょう》料理」は中国に倣《なら》ったもの。食事内容は、魚介や鳥の塩蔵・干もの類・生もの、中国の菓子類。手元の調味料をつけ、箸と匙を使って食べる。
●庶民の食事は、魚肉、漬けものなど。銘々膳の中に、一汁三菜の原型をみる。
●『枕草子』で清少納言が「おもの（飯）・あわせ（おかず）」と書いたように「主食・副食」が確立。
●末醤《みしょう》が製造、売買される。
●米は、鍋などで炊く固粥《かたかゆ》（今のごはん）が食べられるようになる。

鎌倉時代

精進料理が和食の要素に

●中国への留学僧が帰り、禅寺で「精進料理」が発展。大豆や小麦、野菜などを使い、調理中に味つけがなされる。和の調理技術が生まれ、みそ作りが盛んとなる。
●精進料理の広がりから、野菜のおいしさを柱にすることが和食の要素となる。
●栄西《ようさい》が茶の文化をもたらす。『喫茶養生記』で茶の薬効を説く。
●永平寺の開祖・道元は『典座《てんぞ》教訓』『赴《ふ》粥飯法《しゅくはんぽう》』で、食事思想を説く。
●径山寺《きんざんじ》みその伝来から、なめ味噌《みそ》ができる。

室町時代

本膳料理から日本料理へ

●武家の「本膳料理」は「飯・汁・菜《さい》・香のもの」の本膳に始まる豪華饗応料理。近代の冠婚葬祭にも続く。正式な日本料理の原型となる。
●その宴会は、式三献《しきさんこん》（三三九度の原型）の酒礼で始まり、雑煮が食べられた。
●本膳料理では、鶴や白鳥の汁は格別のごちそう。
●包丁技は尊敬に値する教養。庖丁人が現れて「料理流派」がおこり、礼法書が定まる。
●庶民の食事に米が常食化。みそ汁が普及する。
●紀州でしょうゆが製造される。
●喫茶文化は、茶の湯として昇華。

本膳料理から日本料理へ	精進料理が和食の要素に	和食の特徴の芽生え
室町時代	鎌倉時代	平安時代
1573年–1336年	1336年–1185年	1185年–794年

日本の食年表

安土桃山時代

懐石料理の精神の和食

- 千利休は、のちに「懐石」と呼ばれる一汁三菜形式の質素な食事を大成。
- できたて、食べきることを大切にする懐石料理は、和食文化に影響。
- 茶の湯の進展、朝鮮李朝の技術流入により、日本の陶磁器生産が発展する。
- 南蛮文化が流入し始める（コンペイトウやカステラ、南蛮野菜など）。砂糖、卵の使用が広がる。

江戸時代

料理文化が一般へと拡大

- 庶民の食事が、1日2食制から、ほぼ3食制になる。
- 江戸、大阪、京都の市場が栄え、舟運の発達で物産が広がる。
- 『料理物語』『豆腐百珍』など料理書が多出。食情報が庶民に普及。
- 江戸では、茶屋や屋台、煮ものの振り売りなど外食が繁盛。そば、すし、天ぷらが人気。
- 土佐でかつおぶし製造。関東でしょうゆ製造。飲用みりんが調味料に。
- 高級料理屋は社交の場となる。本膳料理と懐石料理の流れをくむ酒宴料理「会席料理」が生まれる。
- 庶民の生活が豊かになって、年中行事や祭りにともなう飲食がにぎやかになる。
- 日常用から工芸的なものまで、和菓子の基礎が完成。
- 異国の食文化が流入（長崎オランダ商館の西洋料理、中国の「卓袱《しっぽく》料理」「普茶《ふちゃ》料理」）。

食の西洋化	料理文化が一般へと拡大	懐石料理の精神の和食
明治時代	江戸時代	安土桃山時代
1868年		1603年

明治・大正時代

食の西洋化

- 明治期、西洋の食文化が流入（肉食、西洋野菜、牛乳・乳製品、調味料、パン、菓子）。
- 肉食が解禁。牛鍋がはやる。
- 貧しい庶民は依然、箱膳で、雑穀・みそ汁・漬けものの食事。
- 西洋料理書、家庭料理書が出版され、「和洋折衷料理」が紹介される。
- 池田菊苗博士、昆布からグルタミン酸ナトリウムを分離。「うま味」の発見。
- 大正期、国立栄養研究所が開設され、栄養への関心がおこる。
- 洋食人気（コロッケ、カツ丼、カレーライス、オムライスなど）。大衆食堂の登場。
- 家庭にちゃぶ台が登場。銘々膳から、食卓を囲む食事となる。「いただきます」「ごちそうさま」の言葉が現れる。

昭和戦後の高度成長期

豊かな食と反動

- 大量生産、大量消費。反面、諸問題が出現（食品の安全性、公害）。
- 電気釜、冷蔵庫など家電が発展。
- インスタント食品の登場。
- ダイニングテーブルの普及。大皿料理が増加。父親の食卓不在化。
- １９７０年代、食生活の外部化が進む（ファストフード、ファミリーレストラン、コンビニエンスストアの広がり）。
- アメリカの食事目標がきっかけで、食生活議論が沸く。「日本型食生活」という言葉ができる。１９７５〜１９８０年ごろの食事は栄養素バランスがよいとされる。

平成から現代

和食の特色が希薄に

- 日本の食料自給率が40%をきり、日本の自然が生む食材は減少。
- 農業・冷凍技術・物流の進化で、野菜などの季節感が薄れる。
- 若年層を中心にごはん離れ。
- 社会変化により、家庭や地域の伝統的な味が薄らぐ（専業主婦減少。核家族、欠食、孤食の増加。ハレとケの日の差が減少。地域行事の減少）。
- 一方、家族の新イベント出現（キャンプ、ハロウィン、クリスマス）。
- 海外で和食ブーム。
- ２０１３年、和食がユネスコの無形文化遺産に登録される。

和食の特色が希薄に　豊かな食と反動

平成時代〜　昭和時代・戦後　大正時代

1989年　1926年　1912年

料理調理用語の説明

あ

【赤だしみそ】豆みそに米みそを合わせた調合みそを呼び、さらにうま味調味料などを加えたものが多くなっている。

【アクを抜く】材料のもつ渋みやえぐみをとること。ゆでる、アクをすくう、水にさらすなどの下ごしらえでとり除く。

【あしらい】料理を引き立てるために添える野菜類や花など。刺身のつまや、煮ものの天盛りなど。

【あたりごま】いりごまをよくすったもの。「する」は「お金をする」などに通じる言葉と嫌い、「あたる」といった。

【油ならし】鉄製や銅製の鍋は、焼く前に油ならしをしておくと表面がなめらかになり、卵焼きなどがきれいに焼ける。油を多めに入れて弱火でゆっくり温めてならし、あける。詳しくは製品ごとの説明書に従う。

【油抜き】揚げてある食材に熱湯をかけたり、熱湯に通したりして油分を除く下ごしらえ。油っぽさがとれ、味がよくしみるようになる。

【あら熱をとる】加熱したものの熱をほどほどにさますこと。目的に合う温度におおまかに下げる。

【有馬（煮）】→P・059

【合わせみそ】2種以上のみそを合わせたもの。みそは味や香りなどが多様で、複数合わせることで、味わいが深まる。

【石づき】かたい所を刺す意味合いの「石突」。きのこの軸の先の部分。

【板ずり】塩をふってまな板の上でころがし、こするようにまぶすこと。ふき、きゅうりなどを、色よくゆであげる、アクを抜くためなどの下ごしらえ。

【一汁三菜】日本料理の献立の基本。主になるごはんのほかに、汁一つと、三つの菜（おかず）の組み合わせをいう。漬けものはごはんにつきものとされ、あえて菜の数に含めない。

【江戸前】古くは江戸の海でとれたうなぎや魚介類をさす。近世では東京近海の魚や、江戸風の料理法をさすようになる。

【尾頭つき】鯛《たい》などを形のまま使う慶事の料理の呼び名。魚を姿のまま使うこと。姿煮、姿焼きとも。

か

【掻敷《かいしき》】器に盛る食べものの下に敷く植物やむきもの、紙など。改敷、皆敷などとも書く。植物は「青掻敷」とも呼ぶ。

【隠し味】少量の塩や砂糖、みりんなどを加えることにより、料理の味を引き立てること。

【隠し包丁】盛りつけで隠れる部分に切りこみを入れること。火通りや味の含みがよく、食べやすくなる。隠し刃とも。

【加減酢】酢に調味料やだしを加えて、口あたりをやわらかくした合わせ酢の総称。

【飾り包丁】盛りつける際に見える部分に切り目を入れること。見た目の美しさと、火通り、味の含みをよくするほか、魚は皮の破れを防ぐ目的も。

【かつらむき】桂むき。だいこんやきゅうりを皮むきの要領で帯状にむくこと。「桂」の由来は能楽の装束で、結び髪にたらす布である鬘帯《かずらおび》からなど諸説。

【きせぶた】被蓋。落としぶたに対し、鍋のふたのことをいう。

【菊花切り】菊の花に似せて作る飾り切り。立体的な菊花切り→P・072（かぶ）。平面的な菊花切り→P・115（花れんこん）

【切りごま】→P・051

【錦糸玉子】薄焼き卵を細く切ったもの。織物の錦糸のたとえ。錦糸卵とも書く。

【食積《くいつみ》】正月の祝い膳の縁起物。「蓬莱《ほうらい》飾り」とも。

【けん】剣。刺身のつまの中で、鋭く細長くしたもの。

【衣《ころも》】あえものや天ぷらなどで、素材にまぶしつけ、まとわすもの。

さ

【ささがき】笹掻き。鉛筆をけずる要領で、薄くけずり、笹の葉のような形にすること。

【三枚におろす】魚のおろし方のひとつ。「身二枚と中骨」の三枚におろす方法。

【渋切り】あずきなどの渋みをとるために、水からゆでて一度沸騰させ、湯を捨てる（ゆでこぼす）下ごしらえ。

【霜降りにする】魚介などに熱湯をかけたり（湯霜）、軽くあぶって冷やしたり（焼き霜）して生ぐさみなどをとる。表面が霜が降ったように白くなるさま。

【精進料理】動物性の食品を避け、植物性食品を材料とした料理。仏教の精進思想からきたもの。

【しょうゆ洗い】おひたしなどを作る際、ゆでて水気をきった野菜に、しょうゆをうすくまぶして軽くしぼること。水っぽさがとれ、味が引きしまる。

【白あえ】→P・020

【真薯《しんじょ》】→P・080

【吸い口】汁ものに散らす香りのもの。味が引きしまり、季節感を醸すものも。

【吸い地】だしを塩やしょうゆなどで調味した吸いもの用の汁。

【酢どりしょうが】→P・057

【砂抜き】殻つきの生きた貝から砂を吐かせること。海水程度の濃度の塩水に浅くつけ、冷暗所に2〜3時間おく。「砂抜きずみ」品も30分ほどつけおくと安心。

【すり流し】→P・031

【そぎづくり】刺身の切り方。→P・086

た

【炊き合わせ】2種類以上の煮た材料を盛り合わせたもの。各素材に合わせた味つけで煮て盛り合わせるが、うす味で一緒に煮る場合もある。ひと鉢の中の味の濃淡や食感のバランス、季節感を考えて材料を組み合わせる。

【たて塩】海水程度（3%前後）の塩水。野菜や魚介をつけ、うま味や水分を逃さずに塩味をつける。

【種《たね》】椀種、すし種、天ぷら種など、料理に使う具材のこと。倒語で「ねた」とも。

【つけ焼き】酒やみりん、しょうゆなどを合わせたたれの味をつけて焼くこと。

【筒切り】切ると筒状になる切り方。長魚の内臓を抜き、横に切る。

【壺《つぼ》抜き】魚の腹を切らずに、口やえら、頭の切り口から、内臓やえらをとり出すこと。昔、武家の祝膳料理では〝腹切り〟は縁起が悪いと壺抜きが好まれた。

【手酢】すし作りで使う。→P・091

【田楽】とうふ等にみそを塗って焼く料理。みそを塗るだけも。→P・055

【天盛り】料理の上に小高く盛りつける香りや彩りのもので、主役になる料理の味や見た目を引き立てる。「手をつけていない」目印にもなる。

【土佐じょうゆ】かつおぶしのだしが入ったしょうゆ。かつおで有名な高知＝土佐の名がつく。

な・は

【なます】→P・086、P・116

【南蛮漬け】→P・054

【ぬた】→P・021

【箱膳】箱のふたを返して盆にし、箱に納まっている自分の茶碗や椀や箸をのせて膳にする。

【はじかみ（しょうが）】葉しょうがや芽しょうがの甘酢漬け。焼き魚の前盛りなどに使う。〝はじかみ〟はしょうが、わさび、山椒《さんしょう》など辛いものの古語。端が赤い「はし赤み」などの説も。→P・057

【針しょうが】針のように細く切ったしょうがを、水にさらしてピンとさせたもの。天盛りなどに使う。

【醤《ひしお》】「しょう」とも。中国から伝来の発酵塩蔵食品。

【ひたし地】材料をひたして、つけおくつゆなど。

【左平目《ひらめ》に右鰈《かれい》】腹を手前に目を奥に置いたときに、頭が左にくるのがひらめ、右がかれいの意味の言葉。

【平づくり】刺身の切り方。→P・086

【ふりゆず】ゆずの皮をすりおろし、さらなどで、料理にふりかける。

ま

【前盛り】料理の手前に盛る脇役的なもので、主役料理の味や見た目を引き立てるために添える。

【面とり】だいこんなどを切って、角張ったところをけずりとること。煮くずれしにくくなる。

【もっそう型】和食で使う押し枠。扇や松などいろいろな形がある。原型は寺院などで飯を1食分はかり盛る器。物相・盛相（相は木の意味）。

や

【焼き霜】→P・040

【幽庵焼き】→P・056

【ゆず釜】ゆずの中身をくり抜いて釜を模したもの。釜は煮炊きをするふたつき器具。柿、かぼちゃなどで作ることも。

【湯せんにかける】直火ではなく、湯で間接的に加熱すること。鍋やボールに湯をはり、材料を器ごと湯につけて温める。熱のあたりがやわらかく、加熱のしすぎやこげを防げる。

【ゆでこぼす】材料をゆで、そのゆで汁を捨てること。

【湯通し】材料を熱湯にさっと通すこと。表面のアクなどをとる、殺菌、たんぱく質を固めるなどの効果がある。

【呼び塩】塩蔵品をうすい塩水につけて塩気を抜く方法。真水よりも早く塩気が抜けてうま味が残る。迎え塩ともいう。

ら・わ

【六方《ろっぽう》むき】球形のものを六角形になるように側面をむく。見た目が美しく、煮くずれしにくい。

【椀種《わんだね》・椀妻《わんづま》】汁ものの具で、椀種は主役、椀妻は副にあたる材料。

素材別 索引

【制作】

著者　ベターホーム協会
料理制作　新保千春・寺岡牧子・藤原美香（ベターホーム協会）
和食文化監修　熊倉功夫
撮影　鈴木正美（スタジオオレンジ）
スタイリング　本郷由紀子
デザイン　細山田デザイン事務所（細山田光宣・木寺梓）
DTP　横村葵
イラスト　ヤマグチカヨ
校正　武藤結子
編集　熊谷なお美（ベターホーム協会）

【監修者紹介】

熊倉功夫（くまくら　いさお）

1943年東京生まれ。東京教育大学卒業、文学博士。歴史学者（日本文化史、茶道史）。筑波大学教授、国立民族学博物館教授、林原美術館館長、静岡文化芸術大学学長などを歴任する。現在は、国立民族学博物館名誉教授、MIHO MUSEUM（ミホ ミュージアム）館長。一般社団法人 和食文化国民会議名誉会長も務める。2013年、中日文化賞受賞。著書に『日本料理の歴史』（吉川弘文館）、『茶の湯といけばなの歴史　日本の生活文化』（左右社）、『後水尾天皇』（中公文庫）、『文化としてのマナー』（岩波書店）、『現代語訳 南方録』（中央公論新社）、『茶の湯日和 うんちくに遊ぶ』（里文出版）、『日本人のこころの言葉 千利休』（創元社）、『熊倉功夫著作集』全7巻（思文閣出版）などがある。

【ベターホーム協会の紹介】

1963年に創立。〝心豊かな質の高い暮らし〟をめざし、料理教室や料理書の出版などの事業を通じて、日本の家庭料理の知識や技術、暮らしの知恵をお伝えしています。

◉ベターホームのお料理教室

家庭の料理は、日本の食の文化を築きます。「ベターホームのお料理教室」では、家庭の和食を、基本から体系的に学ぶことができます。そのほか、洋食、中華の基本、パンやお菓子のコースもあります。

◉料理教室のお問い合わせ先

TEL 03-3407-0471
http://www.betterhome.jp/

和食をつなぐ
和食の文化を知り、家で味わうレシピ

発行日　2020年10月1日
編集・発行　一般財団法人　ベターホーム協会
〒150-8363
東京都渋谷区渋谷2-20-12
TEL 03-3407-0471
印刷・製本　株式会社 シナノ
ISBN 978-4-86586-038-2